江戸期の裁判説話と『棠陰比事』

周　瑛　著

汲古書院

序

周瑛さんの初めての著書公刊にあたり、その慶びに一言申し添えます。

中国国費留学生として周さんが京都府立大学大学院文学研究科・国文学中国文学専攻博士前期課程へ入学されたのは二〇〇八年四月のことでした。周さんは大変な努力家で、西安外国語大学大学院においてすでに日本語・日本文化研究で修士号を得ておられましたが、留学に際し、改めて博士前期課程から学ぶ道を選択され、二〇一〇年には博士後期課程に進学、二〇一三年九月には博士号を取得されました。研究テーマが日本近世文学における中国文学の影響ということでしたので、私が名ばかりの指導教員となりましたが、中国文学の小松謙教授を始め専攻教員の薫陶よろしきを得たことは幸いでした。

周さんは主に日本近世文学における『棠陰比事』の受容に関する研究に従事されてき

ました。これまでの受容研究は『棠陰比事』の諸本を十分に考慮することなく、漠然と『棠陰比事』本文との比較においてなされてきた観がありましたが、周さんは当時の日本における『棠陰比事』流布本（朝鮮版）の調査を基としながら、さらにその翻訳書や注釈書などにも目配りをして、具体的な受容のあり方を考察しています。その中でも林羅山の著した『棠陰比事諺解』（慶安三、写本）に着目し、文学作品、特に西鶴や後続の浮世草子などの俗文学・比事物に与えた影響について詳しい分析がなされています。紀州藩主徳川頼宣に献上された『棠陰比事諺解』と西鶴本の関係など誰がまともに予想できたでしょう。

このように周さんの研究は先入観に囚われないユニークな一面がありますが、比事物における『棠陰比事』離れとも言える現象・作品に言及していることもその一面を物語ります。『棠陰比事』の受容研究が単なる影響関係の指摘にとどまらず、受容されない契機をも含めて幅広く考察されていることが了解されます。

『棠陰比事諺解』の流布状況や当時の知識人層と作者・読者層の関係、特に俗文学における両者の文化的伝播・享受のあり方など、なお解明すべき点は残されてはいますが、『棠陰比事』の受容、特に浮世草子において『棠陰比事諺解』が有した意義をその実証的な手続きに基づき具体的に明らかにした周さんの研究は学界に益するところが大きいと言えましょう。

本書刊行時には杭州師範大学に職を得て、ますますご活躍のことと拝察いたしますが、一層のご研鑽を期待しております。

二〇一五年二月

藤原　英城

目　次

目　次

第四章 『板倉政要』の影響——『鎌倉比事』と『本朝藤陰比事』を中心に

目　次

江戸期の裁判説話と『棠陰比事』

序　章

『棠陰比事』は中国南宋の桂万栄が嘉定四年（一二一一）に建康（南京）で典獄官を勤めたとき裁判の役人の治獄のために編集した判例集である。七十二組、百四十四話がある。「棠陰」は周朝（紀元前一〇四六年頃〜紀元前二五六年）の召公奭が棠樹（山梨）の下で人々の訴訟を聞いて裁決する美談[一]に関わる言葉であるが、書名において公正なる裁判の意味として示される。「比事」は事を並べる意味になるが、『周礼』ではそれを「決事比」と説明し、つまり訴訟の解決に当たって、古い判例があればそれに即して裁判するが、なければ類似的な事例と照らし合わせて判決するということである。[二]

　このような判例集は鎌倉時代に朝鮮より日本に舶載されてきた可能性があると指摘されている。[三]そもそも『棠陰比事』は宋、元、明三種類の版本が存在し、日本に伝来したのは朝鮮版であり、それは元本の覆刻と言われている。[四]『棠陰比事』の伝播には林羅山（別号道春）の影響が非常に大きかったとされている。その発端として、元和五年（一六一九）、羅山（時に三十七歳）は『棠陰比事』の朝鮮板本を筆写し、四門下生の求めに応じて読み下し、側近に訓点を施させた。[五]それを元として元和年間（一六一五〜一六二四）にいわゆる元和古活字本の『棠陰比事』が刊行された。更に、近世初期、幕藩体制を確立させる過程において、統治に関する法的な知識を供する『棠陰比事』は統治者に注目された。羅山が慶安三年（一六五〇、時に六十八歳）紀伊徳川初代藩主頼宣の依頼を受け、『棠陰比事諺解』を著して呈した。寛文二年（一六六二）には羅山編とされる『道春棠陰比事加鈔』が刊行された。また、寛永中（一六二四〜一六四四年）には、『棠陰比事』を仮名草子風に書き改めた作者不詳の『棠陰比事物語』も出版されていた。

『棠陰比事』の日本における伝播と受容についての研究において、まず挙げられるのは『棠陰比事諺解』、『棠陰比事加鈔』と『棠陰比事物語』（以下『棠陰比事諺解』を『諺解』、『棠陰比事加鈔』を『加鈔』、『棠陰比事物語』を『物語』と記す）である。『諺解』は、裁判の十五種類（「釈冤」「察姦」「辨誣」「擿姦」「鞫情」「迹賊」「譎盗」「厳明」「議罪」「迹盗」「懲悪」「鈎慝」「察盗」「察慝」「宥過」）及びその意味を冒頭部の「棠陰比事綱要」に取り上げて説明しており、次に漢文訓読調の仮名交じりの翻訳文（訓訳）と注釈文（考証・コメント）を百四十四話繰り返している。一方『加鈔』は、『棠陰比事』の原文を取り上げ、一話ずつ翻訳・注釈を施しているが、『諺解』の翻訳・注釈と全部一致しているわけではない。『加鈔』と『諺解』はともに注釈書として『棠陰比事』の研究では重視されているので、序章の最後のところに後文で検討する「符盗並走」の両書の本文を示しておく。『物語』では日本人が理解しやすいように中国の固有事物（官職など）を日本化して和訳しており、翻案に近い翻訳とも言えるだろう。

『棠陰比事』は他にも様々な板本が刊行された。慶安四年（一六五一）刊行者不明の『棠陰比事』の和刻本、寛文初年（一六六一）絵入本の松会板仮名草子『棠陰比事』、慶安二年（一六四九）安田十兵衛板『棠陰比事物語』及びこの書と本文が同じで改題した延宝元年（一六七三）の『異国公事物語』、元禄五年（一六九二）絵入りの仮名草子『とうひんひし』などがある。右の出版と翻訳・注釈状況から、『棠陰比事』が大いに注目されていたことがわかる。浮世草子作家である井原西鶴の作品『新可笑記』（元禄元年（一六八八）刊）にも『棠陰比事』の名があげられている。「かの大工身にそなはりし家職、墨かね・角水の見やうはおろそかにして、朝暮分別して、『棠陰比事』など枕にし、夢にも是をわすれず」[六]。これは西鶴の『棠陰比事』に対する興味を示す事例と言ってよい。『棠陰比事』及びその関係書の拡大が、裁判関係の浮世草子『本朝桜陰比事』(以下『本朝桜陰比事』を『桜陰比事』と記す)、仮名草子の翻訳作品『知恵鑑』、笑話集『私可多咄』、教訓書『鑑草』等へ影響を与えたことが指摘されるが[七]、特に『棠陰比事』と『桜陰比事』との関係については多くの研究成果がある[八]。

しかし、従来の研究では、『棠陰比事』の影響について言及する際は漠然と原典の『棠陰比事』または仮名草子の『棠陰比事物語』が取り上げられ、具体的な諸本間における影響関係については十分に検討されているとは言い難い。様々な種類の『棠陰比事』の書では一体どれが『桜陰比事』及び他の近世「比事物」(裁判関係作品)に影響しているのだろうか。更に、『棠陰比事』の影響が見える『板倉政要』と『桜陰比事』は日本で生まれた比事物として、それ以後誕生した「比事物」にどのように関わっているか。こうした視点を中心として、本論では具体的な『棠陰比事』受容のあり方を考察してみたい。

以下に一例として、『諺解』と『加鈔』の「符盗並走」を並べて掲げる。

苻盗並走（『棠陰比事諺解』）

晋ノ世ニ前秦ノ苻融冀州ノ太守タリ、一人ノ老母、日暮テ、盗人ニ逢テオヒヤカサル、道行人見テ、老母カ為メニ逐カケテ、盗人ヲ執フ、其盗人、却テ道行ク人ヲ、盗人ナリト云フ、相論ヤマズ、苻融ニ訴フ、苻融、件ノ両人ヲ呼ヒ出シ、爰ニ門アリ、奉陽門トナヅク、両人走リクラヘシテ、先早ク門ヲ走リ出タランモノハ、盗人ニアラシト云、両人、互ニ走リ終テ、立皈テ、苻融カ前ニ出ツ、苻融顔色ヲアラヽケテ、門ヲオソク走リ出タル者ニ向テ、汝実ノ盗人ナリト云フ、其盗人、罪ニ服ス、此意ハ、盗人ヨク早ク走ラハ、道行人逐ツキカタシ、イカンソ執ヘンヤ、是ヲ以テハカレハ、ヨクハヤク走ル者ハ、盗人ヲ逐テ執ヘタル者ナリ、苻融明察ニシテ、ヨク其事ヲ計リ知ル、董豊馮昌カ事ヲハカルノ類、其発奸擿伏、皆カクノ如シ、発奸擿伏ノ四字ハ、晋書苻融カ本伝ノ語也、擿伏ハ、察慝ノ義ナリ、

此段、辨誣ナリ、　宋ノ大卿薛顔、江寧府ヲ知時、邏者、白書ニ人ヲ刼シテ、物ヲヌスミ、却テ平人ヲ執ヘテ、盗人ナリト名付テ、薛顔ニ申ス、邏者ハ、路次ノ関守、或ハ舟渡シノ番ヲスル者ナリ、平人ハ、何ノ子細モナク、ヨノツネノ人ナリ、薛顔出テ向フ、邏者ノ顔色カハリテ、動転スルヲ見テ、是ヲ叱シテ、尓盗人ナリト云テ、邏者ヲ縛リテ、糾明スレハ、果シテ罪ニ服ス、苻融カ沙汰スルトコロト、相似タリ、辨誣ノ術ハ、慱クキヽ深察時ハ、人ニ欺カレズ、惑サレス、丙吉カサハキハ、慱聞ナリ、孫亮カサハキハ、深察ナリ、苻融ハ走ルヲコヽロミテ、盗人ヲ知リ、薛顔ハ、色ノカハルヲ見テ、盗人ヲ知ル、皆深ク察シテ、明ニ辨セリ、

薛顔字彦回、河中万泉人也、太守時、以テ二秘-書-省著-作佐-郎ト云ヲ一使シ二峡ニ一蹠-ニ決ス刑-獄ヲ一累リニ迁ル二光-禄少-卿ニ一、以テ二少-府-監ト云ヲ一、知タリ二江寧府ニ一、云々、仁宗即トキニレ位ニ、迁ル二給-事-中ニ一、宋史列伝五十八ニ、詳也、

符《フ》盗《タウ》並《ナラヒ》走《ハシル》（『棠陰比事加鈔』）

前《セムシンノ》秦符融《フユウタルトキニ》為二冀《キ》州牧《シウノホク》一、有《リ》二一老母《リノラウホ》一、日《ヒ》-暮《クレテアウ》遇二刼《ケウ》-盗《タウニ》、行人為《タメニ》レ母《ノ》逐《テ》レ之擒《ヲトリコニス》レ盗《ヲ》、盗反《カヘツテシフ》誣レ行-人《ヲ》、符融《フユウカ》曰、二-人並《ナラヒ》-走《ハシリテマツイテン》先出二奉陽門《ホウヤウモムニ》一者《ノハアラン》非レ盗《ニ》、既《ステニ》還《カヘルトキニ》融《ユウタヽシフシテ》正レ色《イロヲ》謂《ク》二後《ノチニ》至《ル》者《ノニ》一、汝《ナムチ》即《スナハチ》盗《ヌスヒトナリ》也、其《ノ》発《アラハシ》レ奸《カムヲ》摘《サクルコト》レ伏《フクヲ》如《シ》レ此《ノ》、蓋融性明《シユウセイメイ》-察《サツニシテ》能懸《ヨクカケ》二料《ハカリテ》其事《ノコトヲ》一、以-為《ヲモヘラク》盗《ヌスヒトモ》若善《シヨク》走《ハシルトキハ》、則《ス》決《ケツシテ》不《ン》レ被《カウフラ》二行-人《ニ》所《ラルヽコトヲ》レ獲《エ》、以《テ》レ此《ヲ》測《ハカレハ》レ之《ヲ》、善《ヨク》走《ハシル》者《ノハ》、是《レ》捕《ホ》-逐《チク》人《ノ》-也《ナリ》、出二晋載記本伝一

前秦ノ時符堅《フケン》カヲチノ符融《フユウ》冀州ノ牧《ホク》トナリタル時。一人ノ老母日暮カタニ。盗人ニヲヒヤカサル。折フシ路ヲ通ル人アリテ。盗人ヲ追カケテ捕ヘタリ。盗人却テ捕ヘタル者ヲ盗人ナリト云。符融カ曰。二人トモニ。争《アラソフ》テハシリテミヨ。奉陽門《ホウヤウモン》ヲ先ヘ出タル者ハ。盗人ニテアルマシキト云。二人ノ者ハシリテ皈ル時ニ。符融《フユウ》シカリテ云。遲《ヲソ》ク出タル者盗人也。符融カ性明察《メイサツ》ニシテ。事ヲハカルコト如此。盗人ヨクハシラハ。行人ニハ捕ヘラルマシト也

鄭克カ曰、按スルニ薛顔大卿《セツカムタイケイ》知《チタリ》二江寧府《カウネイフニ》一、邏者《ラシヤ》昼《ヒルヲ》刼《ヒヤカシテ》レ人《ヲ》反《カヘテ》執《トラヘテ》平-人《ヲ》一以告《テツク》、顔視《カムミテ》二其色《ノイロ》動《ノウコクヲ》一叱《シツシテ》昌栗切呵也曰《ク》爾《ナンチ》盗《ヌスヒト》也《ナリ》、械《カイス》レ之《ヲ》、果《ハタシテ》服《ス》、頗《スコフル》亦類《タルイタリ》レ此《レニ》、蓋辨誣之《シヘムフノ》術《シユツ》、惟《タヽ》愽聞《ヒロクキヽ》深察《フカクサツシテシテ》不レ可二欺《アサムキ》-惑《マトフス》一乃能精《ヨククハシ》焉、丙吉所謂愽《ヘイキツハイハユルハク》-聞《フムナリ》也、孫亮所-謂《ソンリヤウハイハユル》深察《サツナリ》也、符融《フユウコヽロミテ》験レ走《ハシルヲ》而得《エ》二其実《ノマコトヲ》一、薛顔《セツカムミテ》視レ色《ヲ》而得《タリ》二其情《ノヲ》一、皆可《ミナシ》レ謂《フコト》察之深《フカウシテ》而辨《スルコトノアキラカ》之明

矣《ナリト》、

鄭克コレヲ按シテ曰、薛顔カ江寧府ニ知タル時、邏者カ人ヲオヒヤカス程ニ。其者ヤレ盗人ヨナト云ニヨリ。手モチワルサニ。故モナキ行人ヲ邏者《ラシヤ》カ捕ヘテ。盗人ナリト云、邏者ハ関ノ番スル者也、上巻ニモアリ、薛顔邏者《セツカン》カウロタク色ヲ見テ。盗人ハ汝ナリト云。果シテ然リ。符融《フユウ》カコトニ類セリト也。訟ヲ聴者ハ慱《ヒロ》ク聞深《フカ》ク察《サツ》シテ。アサムキ惑フヘカラス。丙吉《ヘイキツ》カ慱聞《ハクフン》ノコト上巻ニアリ。孫亮《ソンリヤウ》カ深察ノコト下巻ニ見タリ。符融カ走ラセテ見、薛顔カ色ヲ見テ情ヲ得タルモ。深ク察シテアキラカニ辨《ワキマ》ヘタル者也ト評セリ、

注

（一）召公奭の話は『史記』（『二十四史』、中華書局、一九九七年）巻三十四「燕召公世家第四」等から見られる。

（二）「周禮」『十三経注疏』重刊宋本十三経（藝文印書館、中華民国六十五年五月六版）。

（三）滝川政次郎氏「棠陰比事の研究」（『法律史話』、巖松堂書店、昭和七年）。

（四）長島弘明氏「調査報告八　常磐松文庫蔵『棠陰比事』（朝鮮版）三巻一冊」（『実践女子大学文芸資料研究所年報』第2号、昭和五十八年三月）。常磐松文庫所蔵の一冊（藤原惺窩・富岡鉄齋等旧蔵本）は、元の田澤校訂本を翻印した朝鮮活字印本であるが、後述のように和刻諸本のもととなった興味あるものであり、『富岡文庫善本書影』（大阪府立図書館編、昭和十一年）によってその存在は知られながらも、『棠陰比事』の諸版研究においてさえ原本の検討がなされることのなかった（朝鮮版〔あるいは元版〕については、林羅山の書写本か和刻本に拠っていた）希覯本である。

（五）「棠陰比事跋」（京都府立総合資料館蔵本『羅山林先生集』「羅山林先生文集　巻第五十四」林羅山撰・林鵞峯編　出版社不明　寛文二年刊）。

（六）『新可笑記』（『対訳西鶴全集十一』、明治書院、昭和五十二年）。本論文で、引用文には原則的にルビを省略するが、難解なところのみに適当につける。

（七）市古夏生氏「近世前期文学における『棠陰比事』の受容」（『二〇〇二日本研究国際会議論文集』台湾大学日本語文学系　平成十四年十二月）。

（八）滝田貞治氏『本朝桜陰比事』説話系統の研究」（『西鶴襍稾』野田書房　昭和十六年）、麻生磯次氏「第四章　裁判物の展開と支那文学の影響」（『江戸文学と中国文学』三省堂　昭和三十七年）、野間光辰氏「本朝桜陰比事考証」（『西鶴新新攷』岩波書店　昭和五十六年）、宗政五十緒氏「だいうす町とおらんだ西鶴」（『文学』36巻5号　岩波書店　昭和四十三年）、冨士昭雄氏『本朝桜陰比事』（『対訳西鶴全集十一』明治書院　昭和五十二年）等。

第一章　『本朝桜陰比事』と『棠陰比事』の表現の一考察

はじめに

元禄二年（一六八九）に刊行された井原西鶴の浮世草子『桜陰比事』は、中国の宋代の裁判実例の記録である『棠陰比事』と共通するところがある。それについて、典拠の面や着想の面において、『桜陰比事』は『棠陰比事』からのものであると度々検討されているが、文章表現の面から『桜陰比事』と『棠陰比事』を比較されたのは滝田貞次氏にとどまるようである。[一] もし表現上から両者の繋がりを究明することができれば、両者の関係性をより明白に指摘できるのではないかと考える。本稿では『棠陰比事』[二]だけでなく、『諺解』[三]や『物語』[四]、『加鈔』[五]などの当時の注釈書や翻訳書も対象として検討していきたい。

一、『棠陰比事』と『桜陰比事』の共通性についての先行研究

まず、今までの『桜陰比事』[六]と『棠陰比事』における共通性についての先行研究を見てみる。

『桜陰比事』「曇は晴る影法師」は『棠陰比事』の「丙吉験子」を原拠に作られた話だというのが通説となっている

が、麻生磯次氏は明らかに『棠陰比事』を踏まえたと思われるのは「丙吉験子」と「符盗並走」の二話に過ぎない[七]と論じた。しかし、麻生氏は着想の上では、『桜陰比事』は『棠陰比事』から学ぶものが少なくなかったようだとも指摘している。麻生氏の論を整理すれば、**表一**のようになる。

表一

『棠陰比事』	**『桜陰比事』**
丙吉験子	曇は晴る影法師
傅隆議絶	御耳に立は同じ言葉
道譲詐囚	太鼓の中はしらぬが因果
程顥詰翁	待ば算用もあいよる中
程簿旧銭	壺掘て欲の入物
裴均釈夫	利発女の口まね
崔黯捜帑、張輅行穴	参詣は枯木に花の都人
程戡仇門	仕もせぬ事を隠しそこなひ
憲之倶解、黄覇叱姒	四つ五器かさねての御意
趙和贖産	小指は高ぐゝりの覚

滝田氏は『本朝桜陰比事』説話系統の研究」[八]において、『棠陰比事』の話のうち、「丙吉験子」が明らかに『桜陰比事』に引用されていると認めている。そして、この話以外にも、『棠陰比事』中の事件裁判法、或いは該書説話の一部分から暗示を得ていると思われる点を列記されている。それを表にまとめてみると、以下**表二**の通りである。

表二

『棠陰比事』	『桜陰比事』
丙吉験子	曇は晴る影法師
符盗並走	四つ五器重ての御意
宗裔巻紬	春の初の松葉山
張受越訴、　裴命急吐	御耳に立は同じ言葉
思彦集児	太鼓の中はしらぬが因果
沈括頽喉	人の名をよぶ妙薬
彦超虚盗、　柳設榜牒	恨み千万近所へ縁付、鯛鮹すゞき金の目安
趙和贖産	手形が消えて正直が立、小指は高ぐゝりの覚
程簿旧銭	壺掘て欲の入物
崔黯捜帑	参詣は枯木に花の都人
斉賢両易	両方よらねば埒の明ぬ蔵

一方、野間光辰氏は『棠陰比事』の原拠を求めようとする角度から、「本朝桜陰比事考証」(九)において、『棠陰比事』に取材した『桜陰比事』の説話は、想像せられるほど多くはない。確かに『棠陰比事』に材を得たと断定し得るものは、わづかに「丙吉験子」の一条のみであらう」と指摘した。

それ以外では、趣向の類似に関して、宗政五十緒氏が、「孫登比弾」が巻二の一「十夜の半弓」によること(十)、また、冨士昭雄氏が、「黄覇叱姒」が巻一の六「双子は他人のはじまり」、「李傑買棺」が巻三の九「妻に泣する梢の鶯」に似ている(十一)と指摘した。

しかし、これまでの原拠論では、『桜陰比事』が一体諸本の中のどの『棠陰比事』を直接に参考としたのかというテキストに関する検討はほとんどされていない。ただ、滝田氏は『桜陰比事』「御耳に立は同じ言葉」に挿入された系図の書法は『棠陰比事』でなく、『諺解』「傅隆議絶」の「語調」と似ている(十二)と指摘している。それが今まではっきりと『棠陰比事諺解』という特定のテキストを典拠として取り上げた唯一の説だと考えられる。『桜陰比事』の依拠する『棠陰比事』について具体的に検討してみたい。

二、『桜陰比事』と『諺解』、『物語』、『加鈔』の文章表現上の共通点についての考察

考察対象は先学に類似性が指摘された話を主として、また筆者が新たに類似性があると判断したもの（*）も追加

表三

『棠陰比事』	**『桜陰比事』**
「傳隆議絶」	「御耳に立は同じ言葉」
「丙吉験子」	「曇は晴る影法師」
「趙和贖産」	「小指は高くゝりの覚」
「符盗並走」（★）	「四つ五器重ての御意」
「程簿旧銭」	「仏の夢は五十日」（★）、「壺掘て欲の入物」
「崔黯捜帑」、「張輅行穴」	「参詣は枯木に花の都人」
「李傑買棺」、「胡質集隣」、「高柔察色」、「道譲詐囚」	「妻に泣する梢の鶯」
「思彦集児」	「太鼓の中はしらぬが因果」
「張受越訴」、「裴命急吐」	「御耳に立は同じ言葉」
「沈括顙喉」	「人の名をよぶ妙薬」
「彦超虚盗」	「鯛鮹すゞき釣目安」
「柳設榜文」	「恨み千万近所へ縁付」
「斉賢両易」	「両方よらねば埒の明ぬ蔵」
「程顥詰翁」	「待ば算用もあいよる中」
「裴均釈夫」	「利発女の口まね」
「孫登比弾」	「十夜の半弓」
「程戡仇門」	「仕もせぬ事を隠しそこなひ」
「次武各駆」、「黄覇叱姒」	「双生児は他人のはじまり」
「宗裔巻紬」	「春の初の松葉山」

した。表にまとめると、上の表三の通りである。

二・一、「傅隆議絶」と巻一の三「御耳に立は同じ言葉」

まず、滝田氏が指摘した「御耳に立は同じ言葉」と「傅隆議絶」を取り上げて再確認しよう。

「御耳に立は同じ言葉」は、京都で商売をやっている葉茶屋が、親戚一門に預けて作らせておいた親譲りの田圃を取り戻そうとするが、逆に田圃の所有権を奪われることになった。最後に裁判となった時、係争する両者が互いに「伯父貴」と呼び合った声で、両者の複雑な血縁関係、つまり先祖と孫娘の不倫でできた子と孫娘の弟との関係が御前に見抜かれて、争いが解決されたという話である。

「傅隆議絶」では、黄初の妻である趙氏が息子の妻である王氏を打ち殺したので、どのように趙氏を処罰するのかが難問になった。特に王氏の息子称、即ち趙氏の孫にとって、母の敵である祖母にどのような対応をすればよいのか。それをめぐり、祖と父と孫とは三代に及ぶと言えども合わせて一つであり、親しい家族であろうと判断された。複雑な家族関係をはっきりと読み取るために、次の図にまとめておく。

「御耳に立は同じ言葉」と「傅隆議絶」は両者ともテーマにおいて血縁があった一門の人々に対して、大切な絆意識を喚起する話である。滝田氏の指摘には、「御耳に立は同じ言葉」が受けた影響は『棠陰比事』ではなく『諺解』からであるという。

B傅隆申シケルハ。A王氏ハ趙カヨメナリ、載カ妻ナリ。載ハ趙カ子ナリ。称ハ載カ子也、趙カ孫也。趙ハ黄初カ妻也、載カ母ナリ、称カ祖母ナリ。黄初ハ載カ父也、称カ祖父也。Cソ父子ノシタシミハ。其形ヲワケ気ヲ同くス。称ト載ト父子の間ニテ、載ト趙ト、母子ノ間也。祖ト父ト子ト三代ニ及トイヘトモ合テ一体也。

（『諺解』「傅隆議絶」）

娘ながら母也。妹ながら祖母也。兄ながら孫也。母の兄なる故に伯父也。祖父のために曾孫ながら子也。嫡子のために孫ながら弟也。甥ながら叔父也。

（『桜陰比事』「御耳に立は同じ言葉」）

右に傍線を引いた個所Aと『桜陰比事』の当該個所の口調が同じような語り方で係争する両者の間柄を表しているとされる。

『桜陰比事』「御耳に立は同じ言葉」の「娘ながら母也、妹ながら祖母也」のような語句は、『諺解』「傅隆議絶」の

「王氏ハ趙カヨメナリ、載カ妻ナリ」のような語句と共通する特別な口調で、家族内における人物の多重の関係性を紹介しながら、一門の間柄を明らかにしていることが窺えよう。

更に、右に取り上げた「傅隆議絶」の話を『棠陰比事』原典、『物語』、『加抄』で考察してみると、以下の内容が注目される。

b司徒左長史傅隆議曰 A c父子至親。分形同気。称之於載。即載之於趙。雖云三代。合之一体。

（『棠陰比事』「傅隆議絶」）

司徒伝隆と申せし人。此事をせんぎしていわく。人の父子ハ至親なり。もとおやのかたちをわけてうまれ。気をおなじうせしもの也。称と載とがあひだハ。載と趙があひだとおなじ。趙氏ハ載が母なり。載ハ称が父なるゆへなり。三代の時なりといへども。是を一躰といふべし。

（『物語』「傅隆議絶」）

ソコテ民ノツカサスル傅隆ト云者議シテ云。父子ノ間ハ骨肉ニテ。シタシキ者也。称カ為ニ載ハ父也。載カ為ニ趙ハ母也。如此ツヽケハ。三代ノ間ハ一躰也。

（『加鈔』「傅隆議絶」）

これらと『諺解』の該当個所とを比較してみると、傍線Aの部分は『物語』にも、『加抄』にもない内容である。『棠陰比事』原文と比べてみれば、『諺解』Aの位置は原文の文脈bとcの間にあたると見られる。

『物語』の「称と載とがあひだは。載と趙があひだとおなじ。趙氏は載が母なり。載は称が父なるゆへなり」という文と、『加鈔』の「称が為に載は父也。載が為に趙は母也」という訳文は同じく原文の「称之於載。即載之於趙」の部分に対応して、称、載、趙の間の関係を示しているが、『物語』と『加鈔』はただ『棠陰比事』を忠実に訳しているに止まっており、『諺解』に挿入された傍線部Aは書かれていない。つまり、挿入されたAは羅山が『棠陰比事』を注釈する際に補ったものと見てよい。それは『諺解』の独自な記事なのである。「御耳に立は同じ言葉」に不義の連中の繋がりを詳述する個所は、『諺解』の独自な部分の口調と一致すると見られるから、それは『諺解』「傳隆議絶」の反映という可能性が高い。

ただし、野間氏によれば、「傳隆議絶」に擬するよりもむしろ『塵塚物語』「源九郎義経頓智之事」によるものとされる。(十三)

「源九郎義経頓智之事」では、遊んでいる子供同士が互いに「おじ」と呼ぶ場面が描かれる。その不思議な現象について、親と子の不義姦通でできた子どもという観点から謎が解かれるのである。

互いに「おじ」と呼び合う設定において、『桜陰比事』と『塵塚物語』は共通している。しかし、『桜陰比事』と『塵塚物語』の刊行はいずれも元禄二年正月であり、『塵塚物語』からの影響とするのは難しい。『塵塚物語』の奥書に「天文二十一年　藤某判」と記されてはいるが、現在する写本は江戸末期の物であり、天文年間の写本は知られていない。また元禄二年までに他の刊行があったかは不明である。『塵塚物語』が西鶴へ影響を与えたことを裏付けるのは困難であろう。

二・二、「趙和贖産」と巻五の六「小指は高ぐゝりの覚」

「趙和贖産」には、親しく付き合っている隣同士の借金についての話がある。東隣は家屋の証券を抵当にして西隣から百万緡を借りた。後日東隣は先に八千緡を返し、期日が来ると、残金を払って抵当の家屋の証券をもらおうと約束した。その場では、東隣は親しい隣同士のことを信じて、領収の手形を求めなかった。しかし、後に貸し手としての西隣は東隣の借り手から、返済金の一部、八千緡を既に受け取ったことを認めなかった。手形がないので裁判が難しいという内容である。

「小指は高ぐゝりの覚」では、両替屋仲間が商いのことについて言い合せておいて、万事を自由に取り計らい、少しぐらいの当座借りは手形にするまでもなく、覚え帳に記入して、お互いに取引をしていた。ある時、一方は手形を取らずに相手に小判を十両貸したが、後日借り手は返していないお金を返したと言い張った。借り手の帳面から借金が既に消されているのに対し、貸し手の帳面の貸しがまだ消えていないと争っても、手形のような証拠がないので、どちらが悪いのか、判明できず、最後に裁判に訴えることになったというものである。

両者とも借金の返済の有無をめぐる話である。そして、「小指は高ぐゝりの覚」は「趙和贖産」と同じように、友達のことを信じるので手形を作らないということが重要な要素となる。「小指は高ぐゝりの覚」は「趙和贖産」の手法を模倣して、手形を作らないという設定にした可能性が高い。

後当収贖。先納八千緡。期来日以残資贖券。恃契不徴領。約明日再賚餘鏹。至而西隣不認。既無保証又無文籍。

（『棠陰比事』「趙和贖産」）

後ニ納シテ贖フ時ニ、先ツ八千貫ヲ返弁シ。明日其残ルトコロヲハ、皆済ミセント云テ。隣家ノ事ナレハ、手形ヲモトラズ。明日又銭ヲ持テ、行クトコロニ、西隣ノ人、昨日ノ銭ヲハ、シラス。請トラズト云。証拠トスヘキ人モナク。又手形ノ文書モナシ。

（『諺解』「趙和贖産」）

中間《なかま》はいひあはせて、万事を自由に仕掛、すこしの当座借は、手形までもなく、覚帳にしるして、たがひに取りやりいたしぬ。

（『桜陰比事』「小指は高ぐゝりの覚」）

『諺解』では「隣家ノ事ナレハ」ということを手形を求めない理由とし、「小指は高ぐゝりの覚」では商売仲間の関係を背景に、少しの借金ならメモに記入するだけで覚えておいて、手形を作らないとする。両者とも手形を求めない理由は、貸し借り双方が親しく、互いを信頼しているからということになろうが、それは『物語』、『加鈔』でなく、『諺解』の「趙和贖産」から読み取った解釈であることが窺えるのである。『物語』や『加鈔』の該当箇所は次のようである。

もとより借状。そのほかある事なれば。八十貫の。請取手がたなど。いふにおよばざりけり。

（『物語』「趙和贖産」）

請取状ヲモサセス。

（『加鈔』「趙和贖産」）

『物語』では全額を返済したわけではないので、一部の返金を納めただけでは借状の返還もせず、また新たな受取状をも作らなかったことが示され、『加鈔』では受取状を求めない理由については言及されない。そのことに加え、『諺解』と『物語』では大きな違いが見られた。それは『棠陰比事』「趙和贖産」の原文にある「恃契不徴領（親しい友達の間柄を頼りとし、受領書を取らなかった）」という句の中の「契」に対する理解にかかわると考える。「契」は一般的には「契書」と理解されるので、『物語』では、最初に金を借りた時に作った借状と言う意味にされた。しかし、当初の借状があることが返済金の一部「八十貫」の領収書を発行しない理由とはならないはずである。『物語』は誤訳と見てよい。

『諺解』では、「隣家ノ事ナレハ」という意味に訳されたのは原文における「契」に正しくかつ適切に対応していると判断できる。それは羅山が豊富な語学知識によって翻訳したのかもしれないが、『疑獄集』の「趙和贖産」を参考にした結果であるということも窺えよう。

先納百千緡、第検還契書、期明日以残資換券、因隔宿且恃通家、因不徴納緡之文籍、明日賚餘鏹至、遂為西隣不認。（後略）

（『疑獄集』「趙和贖産」）

『疑獄集』における「恃通家」は、父祖の代から親しくしている家のことを頼りにするという意味であり、それはすでに返した分に対して手形を求めない理由（「隔宿」、つまり「一晩だけ隔てる」というもう一つの理由）になっていることがわかる。『疑獄集』におけるこの一箇所は羅山の解釈に役立ったと言ってよい。

そこで、「小指は高ぐゝりの覚え」における、親しい関係を信頼して手形を求めないという設定は『諺解』「趙和贖産」の反映であることが明らかとなろう。

「趙和贖産」は『桜陰比事』巻三の二「手形は消て正直が立」とも類似しているとの指摘がある。(十四)それも借金の手形についての話であるが、その手形に書いてある証文が消えてしまったため、「趙和贖産」と大体同じ成り行きとなる。しかし、それは「趙和贖産」、「小指は高ぐゝりの覚」とは異なって、貸し手は借り手との親しい関係、即ち親代からの懇ろの間柄にあったにも拘らず、手形を取ったという記述がある。具体的には次のようにある。

親代より念比せしかたへ、銀子五貫目借《かし》て、預り手形取置。

（『桜陰比事』「手形は消て正直が立」）

これも同じく親しい間柄を物語の背景にしていることがわかるが、「小指は高ぐゝりの覚」の話における親しい商売仲間の間柄と比較すれば、「親代より念比せしかた」の方がはるかに親密度は高い。それにも関わらず、ここでは手形が求められているのである。「小指は高ぐゝりの覚」との差異は明らかであろう。

二・三、「程簿旧銭」と巻二の三「仏の夢は五十日」

「程簿旧銭」は兄の家を借りて住んでいた男に関わる話である。男がその家の敷地から銭を掘り出した。すると、兄の子がそれは父親が隠したものだと訴えた。裁判で判事の程顥は兄の子に対し、父親は何年あの銭を隠していたのかと問い、兄の子は二十年と答えた。しかし、小役人に千銭を吟味させたところ、それは父親が住み始める前である数十年以前に鋳造された旧銭だとわかり、兄の子の嘘が見破られた。

「仏の夢は五十日」においては、都の町に借家をして住んでいた細工人がある日、家主に不思議な夢を五十日続けて見たと言った。夢では長さ九寸ばかりの金仏が家主の寝間の下の土中に埋まっていて、後世のために掘り出してほしいと言う。家主の許しを得て、掘ってみたが、見つからなかった。翌日に借家の細工人がもう一度家主に頼んで掘ってみると、夢のお告げに違わず仏像が出現した。すると、家主は欲心が起こり、金仏の所有権を主張し始めた。とうとうお裁きになったが、御前が京中の仏具師を呼び寄せ、その金仏を鑑定させた結果、「およそ五、七年も土中にありし物」とわかった。更に町の者を集め、その家の普請時期を聞いたところ、「四十年余に罷成候」と答えた。そこで、年代の食い違いから細工人の悪心を見抜き、ついに細工人、家主ともに罰を与えた。
「仏の夢は五十日」は「程簿旧銭」と素材や設定の面において、発掘された銭や金仏のような貴重品の所有権をめぐって起こった争いであることが共通する。そして、それを裁判するに当たって、年代間の食い違いを理由として判断されている。

　ここにおいて特に注目したいのは、「仏の夢は五十日」と「程簿旧銭」との類似点が以上の内容に止まらず、家屋の年代数までも同じように「四十年」と設定されていることである。『桜陰比事』におけるこの一箇所は、『諺解』「程簿旧銭」の正文の後に記される羅山の補注にも見えるのである（十五）。羅山の考察によって『宋史』程顥本傳と『疑獄集』にやや異なる「程簿旧銭」の話があったことが指摘される。『諺解』に引用される二話は以下の通りである（読み下しは羅山の点に従う）。

顥鄠上元ノ主薄ニ調《エラハル》、鄠ノ民、兄ノ宅ヲ借テ居者有リ、地を発テ瘞《ウツメル》銭ヲ得タリ。兄ノ之子訴テ曰ク、父ノ蔵《カクス》所ナリ。顥問ク幾ク何ク年ソ。曰、四十年ナリ。彼レ借テ居ルコト幾ク時ゾ。曰ク、二十年ナリ。吏ヲ遣シテ十千ヲ取テ之ヲ視ル。訴者ニ謂テ曰ク、今官ニ鋳所ノ銭、五、六年非ス、即天下ニ遍シ。此皆未タ蔵《カクサ》サル前数十年ニ鋳ル所ハ、何ソヤ也。其ノ人答フ能ズ。

（『宋史』）

（前略）顥兄ノ之子ニ問テ曰、尓カ父ノ蔵《オサムル》所ノ銭、幾ク年ソ。曰、四十年ナリ。彼ノ宅ヲ借テ居コト幾ク何時ソ。曰、二十年ナリ矣。即チ、吏ヲ遣シテ銭十千ヲ取ラ之ヲ視ル。宅ヲ借ル者ニ謂テ曰ク、今官ニ鋳ル所ノ銭、五六年ナラサル間ニ、即天下ニ遍シ。此銭皆尓カ未タ借居セサル前ニ鋳所。何ソヤ也。其ノ人遂ニ服ス。注ニ云、蓋宅ヲ借ル者乃服ス。

（『疑獄集』）

『宋史』も『疑獄集』も兄の子の答えでは、隠された金の年代は四十年とされている。趣向が共通している「仏の夢は五十日」に出る「四十年余り」はそれらと一致している。それは偶然であるのか、模倣であるのか。羅山の次の補注に着目する。

棠陰ニハ、二十年トハカリ云ヒ。宋史ニハ、二十年、四十年ノ問答アリ。是ハ不同ナレトモ。訴ル者ノ罪ニ服スルコトハ、不同ナシ。

（『諺解』）

右の指摘によって、程顥が旧銭の事件を裁判する話について、『棠陰比事』と『宋史』における内容とは異なっている部分があったことがわかる。即ち、『棠陰比事』では、「四十年」について言及していないが、『宋史』では、旧銭を隠したのは四十年前、借居したのは二十年前という設定があり、羅山は『諺解』で、『棠陰比事』では言及されない「四十年」について特筆したのである。それは『諺解』独自の指摘と言えるものでもあった。無論それは羅山が様々な文献を考察した結果であるが、『疑獄集』の注にも気付いたという可能性もあると言えよう。明の張景が編集した『疑獄集』巻九「程簿旧銭」では、次の注(十六)が記してある。

按二十年以下乃桂氏原本、蓋借宅者発兄所蔵銭、其子訴官、取銭視之、借宅者乃服、今反誤作兄子冒認銭、因考行状正之于後、其他更定不復再見。

即ち、嘘を破られる者について、『棠陰比事』原典では、誤って貸し方である兄の子とされるが、『疑獄集』においては、借り方とされると記述されるのである。この部分は『諺解』を通して『桜陰比事』に影響を与えたであろう。「仏の夢は五十日」では、嘘を破られる主犯は借り方（細工人）とされるのである。それは、『棠陰比事』原典ではなく、『疑獄集』と共通するポイントとなる。

「四十年」、また「嘘を破られる者」という細部の設定が西鶴の創作によるものなのか、『諺解』の補注を通して『疑獄集』を意識して表されたのか、簡単に断定はできないが、羅山が補注した『宋史』と『疑獄集』の部分は『物語』と『加鈔』には見出せないものである。『桜陰比事』と『諺解』との関係に注目すべきであろう。

二・四、「丙吉験子」と巻一の二「曇は晴る影法師」

「丙吉験子」は、八十歳余りの老人が妻に死なれて新しい妻を得て一人の男の子を設けたが、先妻の娘によって誣告される。しかし、同じ年の子供より寒さに弱いこと、日中に影がないことを特徴に、その男の子が老人の実子だということが実証できたという話である。

「曇は晴る影法師」は、京都の大きな材木問屋の主人である八十歳余りの老人が、若い下女に通じて生んだ男の子を自分の子として認めないことをめぐり、老人の子は影が映らないという唐土の事例を利用して裁決が下された話である。その裁判に関わる具体的な描写は次のようである。

時に仰せ出されしは、「唐土にもかゝるためし有。八十余歳に成ける人の子は、日影にうつして其影なし。**面影うつらば、親仁が子にまぎれなし**」と仰られ、白洲立せて、朝日に移しけるに、此子が影法師見えざり。

（『桜陰比事』「曇は晴る影法師」）

「曇は晴る影法師」では、後述するように「丙吉験子」での実子を証明する方法を使って、八十余歳の老人の子を日中に立たせ、影法師が映るかどうかを試みて、実子であることを証明した。

面影うつらば、(十七)親仁が子にまぎれなし。

（『桜陰比事』「曇は晴る影法師」）

影の有無という条件によって実子であることが判明したとなっているが、『棠陰比事』原文、『諺解』、『物語』と

『加鈔』では次のようにある。

唯老人之子畏寒変色。又令与諸児立於日中。唯老人之子無影。遂奪財物帰後母之男。前女服誣母之罪。

（『棠陰比事』「丙吉験子」）

是（十八）ニヨツテ、其実子ナルコトヲ知ル。

（『諺解』「丙吉験子」）

これによつて。つゐにざいほうを。ことことくのちのつまのこにあたへ。

（『物語』「丙吉験子」）

サテハ老人ノ実子也トテ。

（『加鈔』「丙吉験子」）

比較すれば、『諺解』、『物語』、『加鈔』の中で、『物語』には『諺解』や『加鈔』の「其実子ナルコトヲ知ル」「老人ノ実子也」といった判断のような内容がない。それについて、原文のテキストを参照すると、対応する箇所は少しも見つからない。それは『棠陰比事』の粗筋のみを記述するという特徴によるものだと見てよい。

要するに、『諺解』と『加鈔』には明らかに原文には記されていない話が加えられていると考えられる。『桜陰比事』「曇は晴る影法師」でポイントになった「親仁が子にまぎれなし」という一句は、その補充された箇所と一致していることが窺えるのである。

二・五、「符盗並走」と巻五の二「四つ五器重ての御意」

「符盗並走」では、ある老母が日暮れに強盗に遭ったが、通行人は老母のために盗人を捕まえた。しかし、盗人は逆にその通行人のことを訴えた。後の裁判では、二人に競争をさせ、先に奉陽門を出た者は相手より足が速いので、犯人ではないということになった。

「四つ五器重ての御意」では、椀売りが荷物を下ろし絵馬を見ている隙間に荷物を盗まれた。やっと盗人を捕まえた時、相手の悪行を責めると、却って横車を押された。最後は両者に散らかった茶碗を重ねる速さを競わせ、真犯人を判明させた。

内容では、両者とも盗人から逆に訴えられ、そして、最後にスピードを競わせる方法で解決されるという設定が共通している。しかし、『桜陰比事』「四つ五器重ての御意」の『棠陰比事』に対する反映はここに止まらず、更に事件が発生した時間の設定まで模倣していると考える。「符盗並走」の方は日暮れであるのに対し、「四つ五器かさねての御意」は昼間となっているが、それは「符盗並走」の本文そのものではなく、「符盗並走」本文後の按の部分に紹介されたもう一つのエピソードにおける犯行時刻の設定をまねているのではないかと推測する。

その内容を見てみよう。

薛顔大卿知江寧府。邏者昼劫人。反執平人以告。顔視其色動。叱曰爾盗也。械之果服。

（『棠陰比事』「符盗並走」の按語）

右のケースも真の盗人が相手のことを盗人と誣告した話であるが、犯行時刻は昼となっている。「四つ五器かさねての御意」でも犯行時刻は昼であった。

「昼中に人の物を取にげ」と、声をかくれば、盗人も同音にわめけば。……

（『桜陰比事』「四つ五器重ての御意」）

なぜ犯行時刻を「昼」と設定したのだろうか。被害者が盗まれた経緯を詳しく見てみよう。

先、祇園の社に一荷をおろし、火ともしの絵馬など詠めしうちに、又、里人らしき出立にして、此ありさまを見すまし、彼荷物を盗み、かたげのきぬ。椀売おどろき、南の御門より雲をしるしに追かけゆくに、やうやう八坂の塔の前にてとらへ、「昼中に人の物を取にげ」と、声をかくれば、盗人も同音にわめけば。

（『桜陰比事』「四つ五器重ての御意」）

祇園の社という人目の立つところで、白昼堂々と物が盗まれたという事態に被害者は驚いた。その驚きは、「昼中に人の物を取にげ」との言葉に端的に表されている。「昼中」という犯行時刻こそが、被害者を驚かせた大きな要因であったことが推察されるが、『諺解』、『物語』、『加鈔』での該当箇所を挙げておく。

邏者白昼ニ人ヲ𢯱シテ、物ヲヌスミ却テ平人ヲ執ヘテ、盗人ナリト名付テ、薛顔ニ申ス。

（『諺解』「符盗並走」の按語）

さるいたづら者ありて。ひる中に人の物をかすめとりて。かへつて平人をとらへて。ぬす人なりとてうつたへけるに。

（『物語』「符盗並走」の按語）

邏者カ人ヲオヒヤカス程ニ。その者ヤレ盗人ヨナト云ニヨリ。

（『加鈔』「符盗並走」の按語）

『加鈔』では時刻のことに言及していない。『諺解』では「白昼」、『物語』では「ひる中」という表現になっている。『桜陰比事』の「昼中に人の物を取り逃げ」という発言の中の「昼中」は、「符盗並走」の按の部分に着目したことが予想されようが、『諺解』における「白昼ニ人ヲ刼シテ、物ヲヌスミ」や、『物語』における「ひる中に人の物をかすめとりて」といった表現と同じく、巧みに犯行時刻を示しながら、白昼堂々という犯行への驚きを増長させる効果を生き生きと読者に提供している。

『桜陰比事』は『棠陰比事』「符盗並走」の前半、人に盗まれ、逆に盗人に訴えられた部分、また後半の裁判方法、即ち、スピードを競う方法を模倣していることが推測されるが、注目すべきなのは、事件の発生時刻の設定において、「符盗並走」の按の話から影響を受けて「昼中」と設定している可能性が窺えることである。それは『桜陰比事』と『諺解』『物語』が設定において共通するのみならず、『諺解』と『物語』の「白昼」、「ひる中」と同じように盗人の大胆な行動に驚く気持ちをも伝える機能を『桜陰比事』にもたらしていると言えそうである。

結　び　に

『棠陰比事』二十五話を対象とし、『棠陰比事』、『棠陰比事諺解』、『棠陰比事物語』、『棠陰比事加鈔』で比較を行った時、今回検討した五組の話の内、「趙和贖産」「小指は高ぐゝりの覚」と「符盗並走」「四つ五器重ての御意」を除く他の三組については、いずれも原文『棠陰比事』には見られない内容がポイントとなった。結果として、五組の話は着想や設定において類似点を持っており、また細かい表現の設定までも共通点を持っていることが窺えたが、その五組の中で、『桜陰比事』が『諺解』のみと特定の表現において共通しているのが「御耳に立は同じ言葉」と「傅隆議絶」、「小指は高ぐゝりの覚」と「趙和贖産」、「仏の夢は五十日」と「程簿旧銭」の三組であった。『諺解』と『物語』に共通しているのは「四つ五器重ての御意」と「符盗並走」であり、『諺解』と『加鈔』に共通点を持っているのは「曇は晴る影法師」と「丙吉験子」となっている。

表にまとめてみると次の**表四**の通りである。

表四

（**表四**に「○」を付けるところは『桜陰比事』と一致するところとしておく）

『桜陰比事』	**『棠陰比事』**	**原典**	**『諺解』**	**『物語』**	**『加鈔』**
「小指は高ぐゝりの覚」	「趙和贖産」	○	○		
「仏の夢は五十日」	「程簿旧銭」		○		
「御耳に立は同じ言葉」	「傅隆議絶」		○		
「四つ五器重ての御意」	「符盗並走」	○	○	○	
「曇は晴る影法師」	「丙吉験子」		○		○

これまで検討してきた五組の話について、**表四**を通じて、『桜陰比事』は『物語』や『加鈔』とは必ずしも全て関わっているわけではないのに対し、『諺解』の話とは全てに共通点を持っていることがわかる。従来『桜陰比事』に

おける『棠陰比事』の影響について言及されるとき、『桜陰比事』と『諺解』との関連性が重視されることはなく、また本格的に検討されることもなかった。本稿の考察結果によって、『桜陰比事』と『棠陰比事』の関連性を考察するとき、『諺解』により多く注目する必要がありそうである。

しかし、『諺解』は羅山が徳川頼宣に呈上した『棠陰比事』の注釈書であり、容易に目にすることはできなかったはずである。西鶴が羅山圏内の人と接触する可能性があれば、『諺解』の内容を知ることは不可能ではない。西鶴がどのようにして『諺解』の内容を知ることができたのか、それは今後の課題として残される。

注

（一）滝田貞治氏「『本朝桜陰比事』説話系統の研究」（『西鶴襍稾』、野田書房、昭和十六年）。
（二）本文で引用した『棠陰比事』のテキストは、長島弘明氏が『調査報告八　常磐松文庫蔵『棠陰比事』（朝鮮版）三巻一冊』（『実践女子大学文芸資料研究所年報』第2号、昭和五十八年三月）に整理されている翻刻による。
（三）本文で引用したテキストは、東京大学総合図書館南葵文庫蔵本『棠陰比事諺解』（写年時の記載はない）による。松村美奈氏は『諺解』の成立時期を寛永元年から寛永十一年前後に推定した（「『棠陰比事』の注釈書についての一考察——林羅山との関連を軸に」、『文学研究』95号、日本文学研究会、平成十九年四月）。
（四）本文で引用したテキストは、『未刊仮名草子集と研究（二）』（朝倉治彦氏、未刊国文資料刊行会、昭和四十一年）による。
（五）本文で引用したテキストは、京都大学総合図書館蔵本『棠陰比事加鈔』（無刊記本）による。国立国会図書館蔵本は「寛文二壬寅年猛秋京都堀川通二条下ル町山形屋七兵衛刊行」の刊記がある。
（六）本文で引用したテキストは、麻生磯次・冨士昭雄氏『本朝桜陰比事』（『対訳西鶴全集十一』、明治書院、昭和五十二年）による。
（七）麻生磯次氏「第四章　裁判物の展開と支那文学の影響」（『江戸文学と中国文学』、三省堂、昭和三十七年）。
（八）注（一）に同じ。
（九）野間光辰氏『西鶴新新攷』（岩波書店、昭和五十六年）所収。
（十）宗政五十緒氏「だいうす町とおらんだ西鶴」（『文学』36巻5号、岩波書店、昭和四十三年）。
（十一）注（六）に同じ。
（十二）注（一）に同じ。
（十三）注（九）に同じ。
（十四）注（七）に同じ。
（十五）『棠陰比事諺解』の構成は、基本的に、『棠陰比事』本文に対応する訳文（その中に難しい言葉などについての注釈も交えられている）、本文後の鄭克の按に対する訳文、林羅山の補注（人物についての考察や事例の典拠など）からできている。
（十六）『疑獄集』（『四庫全書』子部　法家類　第七二九冊、上海古籍出版社）。
（十七）ここにおける「面影」は姿が似る「オモカゲ」ではなく、影のこととして、通説ではこの「面影うつらば」を「面影うつらねば」の誤りとし、「影が映らないならば」と解釈する。本稿でも通説に従っておく。
（十八）「是」の内容は、老人の子が同じ年の子より寒さを恐れること、日中に影がないことを指している。

第二章　『板倉政要』をめぐる諸問題
――『棠陰比事』と『本朝桜陰比事』とに関連して

はじめに

『板倉政要』は十七世紀後半に成立したと見られ、十七世紀前半の京都市政を司った京都所司代板倉伊賀守勝重、板倉周防守重宗、板倉内膳正重矩の法令と裁判を集めたものである。この作品の流布本[一]にはいくつかの種類があるが、最も普及しているのは十巻本であり、構成は巻一より巻三までが法令集、巻四及び巻五は京都町数人別調と若干の触、法令、巻六より巻十までは裁判説話となっている。その巻六から巻十までの裁判説話に関しては、中国から舶来した裁判説話集『棠陰比事』の話との類似性が指摘されている[二]。

両書の影響関係については、板倉氏が『棠陰比事』を読了していたこと[三]や、板倉氏の家老である金子祇景が羅山から『棠陰比事』を板倉氏に伝えた可能性[四]などが指摘されている。しかし、『板倉政要』との具体的な影響関係や受容の意図などについてはまだ十分には解明されていないようである。本稿では、板倉氏が『棠陰比事』での調査の方法や裁判のやり方を実際の事件の解決に応用した可能性があるのではないかという視点の下に、『板倉政要』と『棠陰比事』との記事を具体的に比較検討し、上述の問題について考察したい。

一、先行研究

一・一、『板倉政要』と『棠陰比事』

『板倉政要』と『棠陰比事』との関連については、滝田貞治氏と野間光辰氏、熊倉功夫氏による研究がある。三氏に指摘された両作品の各章を**表一**にまとめておく。

表一

	『板倉政要』		『棠陰比事』	先行研究
a	巻六の三	「京六波羅ニテ夜盗町人ヲ殺害シ財宝ヲ取ル事」	「司馬視鞘」	滝田
b	巻六の九	「賀茂ノ禰宜養父養子出入之事」	「李傑買棺」	熊倉
c	巻六の十一	「五器盗人之事」	「符盗並走」	熊倉
d	巻七の十一	「犬ヲ殺し密通露顕之事」	「裴均釈夫」	野間、熊倉
e	巻八の十四	「買売物出入之事」	「趙和贖産」	滝田、野間、熊倉

滝田氏はａ「京六波羅ニテ夜盗町人ヲ殺害シ財宝ヲ取ル事」が、「司馬視鞘」に暗示を受けており、またｅ「買売物出入之事」は「趙和贖産」と方向は逆であるが、関係なしとは見られないとする。野間氏はｅ「買売物出入之事」は、「趙和贖産」と関係なしとは言えず、「証拠の証文を取らない所に乗じた一種の詐欺」という点では、両者の類似性が認められ、ｄ「犬ヲ殺シ密通露顕之事」は、明らかに『棠陰比事』の「裴均釈夫」の剽窃翻案であるとも指摘した。熊倉氏はｂ、ｃ、ｄ、ｅについて、影響関係を認めているが、ｄとｅだけを「ほぼ同工異曲である」と述べている。

しかし、私見では、ａに関しては「司馬視鞘」の反映だけでなく、『棠陰比事』「蔣常覘嫗」の影響が、またｂに関しては、「李傑買棺」の主旨や設定とともに、発言文体の調子にも共通性が窺える。更に、ｃに関しては、「符盗並走」の按語の内容と類似する部分もあると見られる。ｅに関して、従来検討された詐欺の面だけでなく、詐欺の裏に隠れている信用性の問題についても共通しているようである。後ほどそれらの文章を取り上げながら検証してみたい。

一・二、『板倉政要』と『桜陰比事』

次に『板倉政要』と『桜陰比事』についての先行研究を見てみよう。

滝田氏は『桜陰比事』の『板倉政要』的要素が見える話を**表二**のように取り上げている（アとクについてはまだ推定の域に止められているという）が、野間氏は滝田氏の指摘に対して、その中のイ「五器盗人之事」、オ「妻女公事捌之事」、カ「聖人公事捌」、キ「本妻與妾之公事」をそれぞれの原拠として肯定するものの、他はいずれも同種の事案に強いて関係付けられるくらいと論じ、暉峻康隆氏は『桜陰比事』の原拠が確実に『板倉政要』にある四点を指摘した。(五) 即ち、イと「四つ五器重ての御意」、オと「待ば算用もあいよる中」、カと「落し手有拾ひ手有」、キと「命は九分目の酒」である。

表二

	『板倉政要』		〈a〉〈c〉〈e〉は表一による	『桜陰比事』	
ア	巻六の三	「京六波羅ニテ夜盗町人ヲ殺害シ財宝ヲ取ル事」	〈a〉	巻二の一	「十夜の半弓」
イ	巻六の十一	「五器盗人之事」	〈c〉	巻五の二	「四つ五器重ての御意」
ウ	巻六の十二	「宿賃公事之事」		巻三の五	「念仏賣てかねの声」
エ	巻七の八	「野合草刈場論之事」		巻一の一	「春はじめの松葉山」
オ	巻七の十三	「妻女公事捌之事」		巻三の六	「待ば算用もあいよる中」
カ	巻七の十四	「聖人公事捌」		巻三の四	「落し手有拾ひ手有」
キ	巻八の六	「本妻與妾之公事」		巻一の七	「命は九分目の酒」
ク	巻八の十一	「社人社僧出入之事」		巻二の二	「兼平の諷過」
ケ	巻八の十四	「買売物出入之事」	〈e〉	巻五の四	「小指は高ぐゝりの覚」

『板倉政要』と『棠陰比事』との比較に加え、『桜陰比事』も考慮すれば、三作品間の関わりが窺える話は『板倉政要』のc・イと『棠陰比事』の「符盗並走」及び按語、『桜陰比事』の「四つ五器重ての御意」、『板倉政要』のe・ケと『棠陰比事』の「趙和贖産」及び『桜陰比事』の「小指は高ぐゝりの覚」の二組が指摘できる。本稿では、主に『板倉政要』(六)と『棠陰比事』の関連性を中心に考察するが、その都度『桜陰比事』との関わりも検討する。

二、『板倉政要』巻六の三「京六波羅ニテ夜盗町人ヲ殺害シ財宝ヲ取ル事」と『棠陰比事』「蔣常覘嫗」

『板倉政要』「京六波羅ニテ夜盗町人ヲ殺害シ財宝ヲ取ル事」は、次のような話である。妻が留守だった夜に亭主が殺され、金銀が盗まれた事件があったが、その事件を調査するにあたって、妻の話を聴取し、その家に出入りしていた刀を下げた怪しい三人のことを取り調べたところ、ついに物証の血が付いた鞘が見つかり、彼らが犯人だと判明する。

滝田氏の論述では、これは『棠陰比事』「司馬視鞘」から影響を受けたものであろうとされる。「司馬視鞘」は解決困難と見られた事件で、事件現場に落とされた唯一の物証の鞘を手がかりとして辿り、ついに持ち主、つまり犯人を探し出した話である。

「京六波羅ニテ夜盗町人ヲ殺害シ財宝ヲ取ル事」と「司馬視鞘」の共通点は物証としての鞘である。しかし、『棠陰比事』「蔣常覘嫗」との共通点は更に深い。それは新しく付着した血である。

「蔣常覘嫗」は次のような話である。

妻が帰省した夜に、その夫である店主が妻の間男に殺される。犯人は店に泊まっていた一行の中の一人の刀を密かに使い、店主を殺した後で、血がついたままの凶器を持ち主の鞘に再び戻した。その翌朝、血が付いた刀が店の人間に見つかり、その一行は訴えられた。御史である蔣常は事件が起こった当日店にいた嫗のことを餌にして、殺人犯である間男を誘き寄せ、真相を解明したのである。

「司馬視鞘」では血に関する描写がないが、『板倉政要』では、鞘に新しい血が多量に付着していたことが証拠にされた。血に注目することは『板倉政要』と「蔣常覘嫗」との繋がりを示すものと言ってよさそうである。両篇における具体的な描写は以下の通りである。

店人趂正等。拔刀血甚狼藉。囚禁正等。

〔筆者訳〕店員は正さんたちの一行に追いついて、刀を抜いて見ると、血が多量に付いていた。それで、その一行は牢屋に入れられた。

（『棠陰比事』「蔣常覘嫗」）

一人ノ脇指血気《ノリケ》ハ一円無レ之トイエドモ、引目アタラシクミユルニヨリ、鞘ヲ破セテ御覧アルニ、鞘ノ内ニ新シキノリシタヽカ有レ之ニ付テ。

（『板倉政要』「京六波羅ニテ夜盗町人ヲ殺害シ財宝ヲ取ル事」）

「蔣常覡嫗」では、血が多量についた刀が殺人の証拠と見なされている。『板倉政要』では、刀には血が少しも付いていないものの、鞘の中に血が多量に付着していることが特筆されており、血が重要なポイントとされていることは明らかであろう。『板倉政要』は、妻の留守中の夜に主人が殺されるという背景とともに、証拠になる「血」に関わる細部の設定までも、『棠陰比事』「蔣常覡嫗」と類似していることが指摘できるのである。

三、『板倉政要』巻六の九「賀茂ノ禰宜養父養子出入之事」と『棠陰比事』「李傑買棺」

『板倉政要』「賀茂ノ禰宜養父養子出入之事」は、養父は実子が誕生したため、邪魔となった養子の無実の非を書立て訴えた話である。訴えの真偽を見極めるため、裁判官はその養子に尋問をするが、養子は養父について何も非となることを話さない。

『棠陰比事』「李傑買棺」では、道士と密通している寡婦が邪魔になった息子を消そうとし、無実の罪を被らせ訴えた。しかし、その息子は裁判官の尋問に対して、少しも母親の悪口を言わない。

　拙者養父ノ気ニ不レ応所、不孝ノ印也、且テ申分無ニ御座一候、如何様ニモ御意次第トバカリ申ケル。

（『板倉政要』「賀茂ノ禰宜養父養子出入之事」）

其子不能自理。但云得罪於母。死所甘分。

〔筆者訳〕その子は〈母親を庇うために〉自ら弁解できず、ただ母の怒りに触れたので、死んでも構わないとしか言わない。

（『棠陰比事』「李傑買棺」）

罪のない息子が親に訴えられてもその理不尽な訴えを否定しない[七]という設定だけでなく、これらの両篇はその表現や文章の調子・呼吸なども共通しているようである。

両者の対応する部分を取り上げてみると、次のようになる。

『棠陰比事』		**『板倉政要』**
「不能自理」	——	「申分無御座候」
「但云得罪於母」	——	「養父ノ気ニ不応所」＋「〜トバカリ申ケル」
「死所甘分」	——	「如何様ニモ御意次第」

親の誣告に対して、息子は理非曲直を弁じることをしていない。これに関する表現は、『棠陰比事』では「不能自

理」、『板倉政要』では「中分無御座候」となっている。この陳述以外には、息子は親の怒りを買ったということだけしか述べないが、それは『棠陰比事』と『板倉政要』ではそれぞれ「但云得罪於母」、「養父ノ気ニ不応所……トバカリ申ケル」と記される。その中の表現「～トバカリ申ケル」は「但云」、即ち、「それだけ云う」との調子まで一致する。更に、最後にどんな罰でも受けようと息子の示す姿勢が、『棠陰比事』では「死所甘分」（母のためなら、死も喜んで受け入れる）、『板倉政要』では「如何様ニモ御意次第」とされることとも類似しており、注目されよう。

四、『板倉政要』巻八の十四「買売物出入之事」と『棠陰比事』「趙和贖産」、『桜陰比事』巻五の六「小指は高ぐゝりの覚」

『板倉政要』「買売物出入之事」は手形を取らずに物を渡し、そのために後に揉め事になるという話である。年末に油の売り子は問屋から油を十五樽買いがかりにして、当座にその中の十樽を受取った。そして残った五樽は後に渡してもらおうと約束し、預かりの手形をもらって帰った。売り子は翌年二月末に使用人に五樽を取りに行かせたが、使用人は手形を忘れていた。しかし、問屋はその使用人が顔見知りなので、その口上を信じ、異議なく渡した。しかし、年末に通い手形で総決算を行う際、売り子は五樽の預かり手形を持ち出して騙そうとした。

『棠陰比事』「趙和贖産」は第一章に紹介された通りに、隣り合う両家の間で借金が返済された際、金を借りた側は親しい隣家のことを信頼して、一部の金を返済した時その分の手形を求めないことで争いとなった話である。

両篇の類似点は、二つある。一つは証文を取らなかったことによる詐欺事件であること、もう一つは親しい相手に対する信頼が証文を取らない理由とされることである。

先納八千緡。期来日以残資贖券。恃契不徴領。約明日再賚餘鏹。至而西隣不認。既無保証又無文籍。

（『棠陰比事』「趙和贖産」）

彼使ノ者ヲ御尋ノ処ニ、……彼の僕驚キ其時ノ使我等仕、五樽ノ油慥ニ取越申也、多年奉公仕故、油問屋近付ニテ手形モ状モ遣シ不レ申、口上ニテ申越ヨシ、巨細ヲ述ルニ依テ早速露顕シ。

（『板倉政要』「買売物出入之事」）

野間氏は一番目の詐欺という類似点については検討されたが、二番目の類似点、証文を取らない理由については言及されなかった。しかし、傍線を記した『棠陰比事』の「恃契不徴領」（仲がよい友人なので手形を求めなかった）と『板倉政要』の「多年奉公仕故、油問屋近付ニテ手形モ状モ遣シ不申、口上ニテ申越ヨシ」の関連は看過できないものと考える。

「趙和贖産」原典の「契」という語に対する理解が重要な点となるが、当時の日本での理解度を示す『諺解』や『物語』、『加鈔』では、第一章で論述した通りに、解釈が一致せず、『諺解』のみでは、羅山の考察によって親しい相手という意味とされるのである。即ち、『諺解』「趙和贖産」では、隣人を頼りにして証文を求めなかったのであり、

『板倉政要』「買売物出入之事」では、長年付き合った商売相手である売り子のことを信用して、油問屋は証文を回収せずに相手に預かった油を渡したのである。両者とも証文をもらわない理由として親しい相手を信頼したことが共通しているが、表にすれば、**表三**のようになる。

親しい関係であれ、証文を受け取れば後の揉め事は生じなかったはずである。しかし、そうした信用が問題の発端となるのである。即ち、『棠陰比事』での「恃契」（親しい友達を頼りとする）、『板倉政要』での「多年奉公仕故、油問屋近付ニテ」という関係性が焦点となる。仲間同士の信頼という核心的な要素が、『板倉政要』では商売人のやり取りに投影されていると言ってよく、このことはまず記憶されるべきであろう。

表三

	証文をもらうべき側	**詐欺をしようとする側**	**問題点**
『棠陰比事』	東隣（借手）	西隣（貸手）	既済の証文をもらわずに八千緡を渡した。
『板倉政要』	油問屋（売手）	売り子（買手）	五樽の油の預かり手形をもらわずに油を渡した。

更に『桜陰比事』「小指は高ぐゝりの覚」にも証文を受け取らないことで起こる類似的な詐欺事件があった。少しの当座借りでは手形を貰わないという言い合わせから起こった両替町の仲間の争いである。これは『棠陰比事』「趙和贖産」、『板倉政要』「買売物出入之事」と同様に、相手のことを信用して証拠になる手形を取らないことで起きてしまった詐欺だということである。更に、紛争に関わる登場人物も、「買売物出入之事」と同じく京都の商売仲間が設定されている。もちろん、これだけでは、『桜陰比事』と『棠陰比事』、『板倉政要』三者の影響関係を速断することはできないが、次の三つの可能性は指摘できよう。

一つは『諺解』から『桜陰比事』への影響であり、また一つは『板倉政要』からの影響、更に一つはそれら両者からの『桜陰比事』への影響である。

五、『板倉政要』巻六の十一「五器盗人之事」と『棠陰比事』「符盗並走」及び按語、『桜陰比事』巻五の二「四つ五器重ての御意」

『棠陰比事』「符盗並走」では、一人の老母が窃盗に遭い、道を通りかかった人はその盗人を捕まえたが、逆に盗人だと訴えられる。裁判になった時、両人に競走をさせ、足の遅い方を犯人とした。

『板倉政要』「五器盗人之事」では、五器売りが窃盗に遭い、その盗人を捕まえたが、逆に盗人から犯人だと誣告される。裁判になり、五器の値段の上中下を速く見分けるようにと命令されるが、真犯人は五器売りより見分けるスピードが遅いことによって真実は明らかとなった。

追跡者が逆に盗人に誣告されること、速さを競わせて真犯人を判定すること等が両篇に共通していることは明らかであるが、ここで取り上げたいのはほぼ言及のない「符盗並走」の按語の記述である。

邏者昼劫人。反執平人以告。顔視其色動叱曰。爾盗也。械之果服。

〔筆者訳〕町の見回りが昼に人を脅かし物を奪った。反って普通の人を捕まえて誣告した。裁判官である薛顔はその見回りの顔色が変わったのを察し、叱って言った。お前が盗人だと。拷問すると果たして伏した。

（『棠陰比事』「符盗並走」の按語）

この話を通じて、『棠陰比事』按語において真犯人は盗まれた人物以外の第三者を誣告の対象にしたことがわかるが、『板倉政要』では、誣告された対象は盗まれた人物である。犯行時刻について見れば、『板倉政要』では「昼」、『棠陰比事』本文では「日暮」、按語には「昼」となっている。この点について、『板倉政要』は按語と一致している。常識的には、盗難事件は人気の少ない「日暮」頃がふさわしく思われるが、『板倉政要』では、五器売りは盗人を追いかけながら「昼盗人」と叫んだことになっている。「符盗並走」の按語部分も、同じく時刻は「昼」とされており、そこには盗人の大胆な行動への驚きを強調する効果も窺えよう。両書が共通することに注意したい。

「符盗並走」及び按語の内容を『諺解』、『物語』、『加鈔』で確かめてみると、大きな違いは見られない。しかし、盗難事件の発生時刻について、按語部では『諺解』と『物語』がそれぞれ「白昼」、「ひる中」とされている一方で、

『加鈔』では時刻のことに及んでいないことがわかった。

具体的な記述は以下の通りである。

有一老母。日暮遇劫盗。行人為母逐之。擒盗盗反誣行人。符融曰。二人並走先出奉陽門者非盗。既還。融正色謂後至者。汝即盗也。

〔筆者訳〕一人のお婆さんが日暮れに窃盗に遭い、通りかかった人が盗人を追った。盗人を捕まえたが、逆に盗人に誣告された。符融はこう言った。二人ともに走って、先に奉陽門を出た者は盗人ではないと。二人は走り帰ると、符融が顔色を厳しくし後に着いた者に言った。お前が真の盗人だ。

（『棠陰比事』「符盗並走」）

邏者白昼ニ人ヲ刼シテ、物ヲヌスミ却テ平人ヲ執ヘテ、盗人ナリト名付テ、薛顔ニ申ス。

（『諺解』「符盗並走」の按語）

さるいたづら者ありて。ひる中に人の物をかすめとりて。かへつて平人をとらへて。ぬす人なりとてうつたへけるに。

（『物語』「符盗並走」の按語）

邏者ガ人ヲオビヤカス程ニ。その者ヤレ盗人ヨナド云ニヨリ。

（『加鈔』「符盗並走」の按語）

即ち、「五器盗人之事」の「昼」の設定は、『棠陰比事』「符盗並走」の本文が「日暮」とあるにもかかわらず、『棠陰比事』「符盗並走」の按語とともに、それを注釈、翻訳した『諺解』や『物語』とも共通していることが確認できる。そのことから、『板倉政要』における『諺解』と『物語』からの影響の可能性を検討する余地が生じることになろう。

次に「五器盗人之事」と『桜陰比事』「四つ五器重ての御意」の内容を挙げる。

七条道場ノ辺ニテ五器売物ヲ門際ニヲロシ置、折節道場ニテ[A1]遊躍念仏ノ最中ナレバ立寄聴聞スル処ニ、彼ヲロシ置タル椀ドモヲ其儘担、稲荷ノ方へ走リ行、五器主、[B1]昼盗人ト声ヲ懸、追カケ東山イナリノ此方ニテ捕ヘケレバ、彼盗人敢テ騒ガス、己ハ狼籍ヲ云者哉トテ互ニネヂアイケル程ニ、[C1]所ノ者立寄、打囲テ詮議ヲスルトイヘドモ、双方トモニ我々カ商売物トテ水カケ論ニ云ケレバ、何レヲ五器売、[C1]何レヲ盗人ト分兼、サラバ捕ヘテ板倉殿へ参ラントテ。

（『板倉政要』「五器盗人之事」）

先、祇薗の社に一荷をおろし、[A2]火ともしの絵馬など詠めしうちに、又、里人らしき出立にして、此ありさまを見すまし、彼荷物を盗み、かたげのきぬ。椀売おどろき、南の御門より雲をしるしに追かけゆくに、やう〳〵八坂の塔の前にてとらへ、B2「昼中に人の物を取にげ」と、声をかくれば、盗人も同音にわめけば、C2所の人大勢あつまりながら、いづれをぬしとも沙汰しがたし。両人どもの云分に、たしかに証拠もなし。盗人は二人のうちにありと、にがさず、取まはし、御前へ罷出し。

(『桜陰比事』「四つ五器重ての御意」)

昼間盗みに遭い、逆に訴えられることやスピード競争で犯人を識別することにおいて、『桜陰比事』「四つ五器重ての御意」は『棠陰比事』「符盗並走」や『板倉政要』「五器盗人之事」とほぼ同じ内容を備えるが、椀売りが盗人を追いかける途中、「昼中に人の物を取りにげ」と声を上げる行為描写が加わる点において、より一層『板倉政要』(「昼盗人ト声ヲかけ」)との類似が注目されよう(B1、B2)。そのほか、被害者は盗まれた当時他の事物に夢中になっていた状況(A1、A2)、真犯人が捕まえた人に絡みつく場面及び見物する人々についての描写(C1、C2)も類似している。以上述べてきた類似点について表にすると次頁のようになる(**表四**)。

『板倉政要』「五器盗人之事」は『棠陰比事』「符盗並走」の基本的なプロットを継いでおり、盗まれたこと(発生)、犯人を捕まえたこと(進行)、真犯人に訴えられたこと(争い)、裁判において競争によるスピードの速さで真犯人が解明されたこと(解決)などの要素連続で構成されている。しかし、ここで強調しておきたいのは、『板倉政要』が時刻の設定において、「符盗並走」でなく、その按語での「昼」と一致していたことである。

表四

	当事者	事件				解決
		発生	進行	争い	・（状況）	
『棠陰比事』「符盗並走」	①老母（被害者） ②行人（誣告の対象） ③盗人（犯人）	日暮れ、盗人は老母を脅かして盗んだ。	行人は老母のためにその盗人を捕まえた。	盗人は逆に行人のことを誣告した。	×	競争させ、足の速さで善人と判断した。
『棠陰比事』「符盗並走」の按語	①盗まれた人（被害者） ②平人（誣告の対象） ③邏者（犯人）	昼に邏者は人を脅かして物を盗んだ。	邏者は、何の罪もない平人を捕まえた。	邏者は逆に平人のことを誣告した。	×	裁判官は邏者の顔色が変わったのを見て判断した。
『板倉政要』「五器盗人之事」	①五器売り（被害者&誣告の対象） ③盗人（犯人）	昼に五器売りが七条道場の辺りで荷物を下ろし、道場を遊踊念仏を聞いている間に、椀などを盗人が担いで稲荷の方へ走っていった。	五器売りは「昼盗人」と声を上げ、追いかけて東山稲荷で盗人を捕まえた。	盗人は「己は狼籍を言う者哉」と言って、双方ともに自分の商売物だと争った。	・（周りの人々が囲んで詮議したが、判断がつかなかった）。	五器を値段の上中下で見分ける速さで、真の盗人を断定した。
『桜陰比事』「四つ五器重ての御意」	①椀売り（被害者&誣告の対象） ③里人（犯人）	昼中に椀売りが、祇園の社に荷物を下ろし、火点しの絵馬を眺めている間に、荷物をある里人に担いで行かれてしまった。	椀売りは南の御門から盗人を追いかけ、八坂の塔の前で捕まえた。	「昼中に人の物を取にげ」と声をかけると、盗人も同じように喚き返した。	・（周りの人々が大勢集まるが、いずれが持ち主か、判断がつかなかった）。	撒き散らした椀を重ねる速さで、真の盗人を断定した。

『板倉政要』と『桜陰比事』との関係では、それらに共通する原拠としての『棠陰比事』が想定されよう。しかし、『棠陰比事』「符盗並走」の基本的な要素内容は両書に窺えるものの、『桜陰比事』では『板倉政要』「五器盗人之事」における窃盗に遭った被害者が他の物を夢中になって見ている様子（絵馬を眺めていた・念仏を聞いていた）、盗人を追いかける途中に叫んだ「昼盗人」の言葉、更に盗人を捕まえた後周囲を人々に囲まれた様子、また裁判において五器を片づける方法が採用されたことなどの要素が共通する。『桜陰比事』は『棠陰比事』より、むしろ『板倉政要』「五器盗人之事」のパターンを受けていると見られよう。豊かな内容構成と細部設定において、『桜陰比事』は一層『板倉政要』の方と類似しているようである。

結びに

本稿において、主に『板倉政要』に注目して、『棠陰比事』との類似性を検討し、また『桜陰比事』を加えて三つの作品の繋がりをも探ってみた。『板倉政要』の巻六の三「京六波羅ニテ夜盗町人ヲ殺害シ財宝ヲ取ル事」、巻六の九「賀茂ノ禰宜養父養子出入之事」、巻八の十四「買売物出入之事」、巻六の十一「五器盗人之事」は、それぞれ『棠陰比事』の「蔣常覘嫗」、「李傑買棺」、「趙和贖産」、「符盗並走」及び按語の部分に共通しているところが見える。それらの関連を通じて、『板倉政要』は『棠陰比事』から影響を受けたことが一層明瞭となったが、その注釈書である『棠陰比事諺解』との一致は注目すべきである。本稿での指摘は、『板倉政要』「買売物出入之事」と『諺解』「趙和贖産」の一例に止まっているが、この一例から見える『物語』『加鈔』と『諺解』との表現また解釈の相違は、『板倉政要』とこうした『棠陰比事』関連諸本との関係を研究する上で、重要な示唆を与える。即ち、板倉氏が『棠陰比事』だけでなく、『棠陰比事諺解』の内容まで知っていた可能性が浮上することになる。同時に板倉氏周辺の人物も同様のことを知っていた可能性が生まれるのである。

更に、『桜陰比事』は『棠陰比事』だけでなく、『板倉政要』の影響も確実に受けていることも確認できた。『板倉政要』を媒介とし、『棠陰比事』の要素を『桜陰比事』は吸収していた可能性が深まった。『板倉政要』、『棠陰比事』、『桜陰比事』の関係において、『棠陰比事』の話をほかの二作品の源流（原拠）とすることに異論はないが、『桜陰比事』は『棠陰比事』または『板倉政要』のどちらか一方からではなく、その両方の要素を取り入れてできたものであることが推測できよう。

『諺解』と『板倉政要』、『桜陰比事』との関係はまだ十分に解明できていないが、『諺解』と『板倉政要』との関連性に糸口が見出された。『諺解』は、これまで漠然と考えられていた『板倉政要』と『桜陰比事』における『棠陰比事』の影響において、『棠陰比事』の受容過程に重要な役割を果たすことが推定される。『諺解』が一体どのようなルートを通じてこれら両作品と関係付けられるのか、羅山、板倉家、西鶴との接点を更に考究していきたい。

注

（一）　京都大学所蔵十巻本、宮内庁書陵部所蔵十三巻本、東北大学所蔵十六巻本など、いずれも写本。

（二）　滝田貞治氏「『本朝桜陰比事』説話系統の研究」（『西鶴襍稾』、野田書房、昭和十六年）。野間光辰氏「本朝桜陰比事考証」（『西鶴新新攷』、岩波書店、昭和五十六年八月）。熊倉功夫氏「『板倉政要』と板倉京都所司代」（『寛永文化の研究』、吉川弘

文館、昭和六十三年十月）。以下三氏の言説はこれらによる。

（三）田中宏氏「『醒睡笑』と『本朝桜陰比事』」（『文学研究』42号、昭和五十年十二月）。

（四）松村美奈氏「『棠陰比事』をめぐる人々——金子祇景の人的交流を中心に」（『愛知大学国文学』通巻47号、平成十九年十一月）。

（五）暉峻康隆氏「鑑賞のしおり」（『現代語訳西鶴全集第八巻』、小学館、昭和五十一年十月）。

（六）本章では熊倉功夫氏の「史料翻刻『板倉政要』第六巻〜第十巻裁判説話の部」（『歴史人類』第15号、筑波大学歴史人類学系、昭和六十二年三月）を底本とする。

（七）この二話について、熊倉功夫氏は次のように指摘されている。「いずれも孝心の厚い養子であり、息子であるために、訴えられても、その理不尽な訴えを否定しないところが共通している。養父と実母、実子の誕生と密通という、人間関係と動機の相違はあるが、類似点も多い」。

第三章　『棠陰比事諺解』の特質について

はじめに

『棠陰比事』は中国南宋の桂万栄が編集した判例集であり、鎌倉時代に朝鮮から日本に伝わった後、書写や注釈などが行われた。その中で、江戸時代の儒学者林道春（別号羅山、一五八三〜一六五七年）の『棠陰比事諺解』、作者不明の『道春棠陰比事加鈔』、また作者不明の『棠陰比事物語』は、『棠陰比事』の日本における伝播上で重要なものである。『物語』は仮名草子化（和訳）された作品であり、その翻訳の性格が大衆的通俗性を示すことが指摘されているが、（一）その中には省略や誤訳があることから、その翻訳者の漢文に関する学識は専門家ほど十分ではなかったと考えられる。『加鈔』は、外題に「道春」と記載された注釈書であるが、「羅山の講義を聞いた門人の著作」ということが検討されている。（二）『諺解』は、羅山が堅い文語体で著した注釈書であり、『加鈔』では原典本文が掲出されるのに対し、原典本文は掲出されていない。

『棠陰比事』は西鶴の裁判関係の浮世草子『桜陰比事』をはじめ、日本のいわゆる比事物、即ち裁判関係の作品に重要な影響を与えていることが広く認められている。筆者が先に論じたように、（三）『棠陰比事』と共に『諺解』が、『桜陰比事』や『板倉政要』に影響を与えている。例えば、『板倉政要』巻八の十四「買売物出入之事」が、『諺解』「趙和贖産」における親しい相手を信用して大切な証文を請求しないという話と関係すること、『桜陰比事』巻一の三「御耳に立は同じ言葉」の近親相姦を詳述する箇所は、『諺解』が『棠陰比事』「傅隆議絶」に付加された解説に用いられた表現と類似していること等である。従来『棠陰比事』受容の研究において、和訳本としての『物語』が漠然と重要視されていたのであるが、『諺解』の重要性を再検討する必要があると考える。

『諺解』の研究史において、市古夏生氏は、『棠陰比事』の仮名草子などにおける受容に関して『諺解』に触れ、難解な言語について必要な説明を簡潔に施していると指摘した。(四)また、柳田征司氏は、羅山の注釈書が抄物と異なって具有している自立性という性格を論述する際に『諺解』に言及し、(五)渡辺守邦氏や神谷勝広氏は、羅山が仮名講説或いは啓蒙的な仮名抄的書物を精力的に編纂していたことについて論述したが、(六)更に鈴木健一氏は、将軍や諸大名の要望により作成される啓蒙的な書物の一つとして、『諺解』を取り上げる。(七)このように、これまでの研究史においては羅山の様々な文学活動の一つとして『諺解』には言及されているものの、『諺解』それ自体の分析は、活発であるとは言い難い。

では、『諺解』とは、一体どのような注釈書で、またその特質はどこにあるとすべきか。大久保順子氏は、『諺解』や『加鈔』には日本の類話例を引用し、それらの注釈に応用しようとする態度が散見することを指摘し、(八)松村美奈氏は、『諺解』の注釈文に見出される参考した漢文内容をそのまま書き記すといった注釈の方向性を検討した。(九)

本稿では、『諺解』が紀州藩主徳川頼宣に呈上された書であったことに着目し、その法律書としての一面を視野に入れつつ、『諺解』自体の特質について考察してみたい。

一、『諺解』の構成

『諺解』は、巻上・中・下の三冊からなり、巻上の巻頭には「棠陰比事綱要」が置かれている。この部分は以下の十五種類、即ち「釈寃」「察姦」「辨誣」「擿姦」「鞫情」「迹賊」「譎盗」「厳明」「議罪」「迹盗」「懲悪」「鈎慝」「察盗」「察慝」「宥過」に分けられており、『棠陰比事』七十二組百四十四篇各篇の上欄に示される裁きの種類（右の十五種類）を注釈書の冒頭にあらかじめ説明しておくことを目的とする。それに次いで本文としての百四十四話の仮名交じり文の〈A〉翻訳（訓訳）部分と〈B〉それについてのコメント（考証）が始まる。〈B〉は主に次の六つの構成要素よりなる。

①紛争を解決する裁判官などの重要人物（実在の人物である）について、各話の冒頭に紹介する。
②原文における重要な語彙を説明する（原文に即した箇所に施されるものと注釈文の後につけられる詳細な説明の二種に分類される）。
③注釈文末に重要な人物の伝をつける（①は設定としての人物に予め簡潔に触れるのみだが、③は詳細な人物伝を紹介する）。
④羅山自身の評語をつける。
⑤他の文献にある中国の同一または類似した話について考察する。

⑥日本の類似した話を取り上げる。

この中で、羅山はどのような難語をどれほど説明しているのか。『諺解』の百四十四話について考察した結果は次の通りである。

表一

題目	難語	題目	難語	題目	難語
1 向相訪賊		2 銭推求奴	（州、録参）	3 曹攄明婦	
4 裴均釈夫	骨蒸、犬之肉	5 程顥詰翁		6 丙吉験子	
7 李崇還泰	苟泰	8 黄霸叱姒		9 欧陽左手	
10 惟済右臂	（留後）	11 沈括顙喉		12 南公塞鼻	（班行）
13 程琳烓竈	府	14 強至油幕		15 妾吏酖宋	「移文」、鼈裁
16 玉素毒郭		17 彦超虚盗		18 道讓詐囚	
19 孫甫春粟		20 許亢焚舟	（海路発運判官、陸路発運判官）	21 宗元守辜	「守辜、保辜」
22 魏濤証死	（監司）	23 桑懌閉柵	枢密院、柵	24 蘇秦徇市	
25 任城示靴		26 楊津獲絹		27 李傑買棺	

28	重栄咄箭	
29	蘇請祔柩	「大理寺」、（詳断官）、祔
30	賈廃追服	（侍読、流内銓）
31	子産知姦	
32	荘遵疑哭	
33	思兢詐客	（駙馬）、俠客、台、「獄中」
34	佐史誣裴	垂拱、羅織、徐敬業、款
35	季珪鶏豆	（刺史、太守、牧）
36	張挙猪灰	
37	定牧認皮	
38	滄州市脯	
39	張受越訴	牸牛
40	斐命急吐	
41	王質母原	邏者、「審刑院」
42	馬亮悉貸	亡命、剽攻
43	允済聴葱	
44	彭城書菜	
45	呂婦断腕	
46	包牛割舌	
47	崔黯捜帑	悪少、髠鉗、焚修、妻帑、牒、矯妄、幻惑、妖民、左道
48	張輅行穴	（衙将、三衛、簿）
49	杜鎬毀像	江南
50	次翁戮男	
51	傅令鞭糸	
52	李恵撃塩	
53	楊牧笞巫	
54	薛向執賈	（司戸、商税）、税務、賈胡、（枢密使）
55	程戡仇門	
56	仲游帥宇	（提刑）、黄堂
57	符融沐枕	（司隷校尉）
58	獄吏滌履	江南、大理寺
59	宗裔巻紬	糸絇、紬紈
60	高防校布	世宗、「極刑」

61	江分表裏	里胥
64	高柔察色	（廷尉、護軍営士）
67	劉相隣証	大姓
70	孫宝秤散	鐶散
73	公綽破極	（節度使）、歳険、斉衰、（津吏）
76	王扣狂嫗	狂嫗
79	顥知子盗	
82	希亮救亡	封事
85	薛絹互争	
88	懐武用狗	（尋事団）、狗、族誅、私名、肘腋
62	章弁朱墨	大姓、「偽契」
65	蔣常覘嫗	店、皈寧
68	韓参乳医	（参政、参知）、土豪、乳医
71	程薄旧銭	
74	元膺擒鼙	
77	李公験欅	欅
80	孫料兄殺	戸、上農
83	商原詐服	二親、繐麻、「棄市」
86	符盗並走	邏者、平人
89	文成括書	（倉督）、告牒、括
63	胡質集隣	「自首」、書吏
66	思彦集児	
69	袁滋鋳金	属邑、馬蹄金、（邑宰）
72	王璩故簡	
75	柳宪瘖奴	（判官）、瘖奴、「首伏」
78	王臻弁葛	閩、野葛、鉤吻
81	郭躬明誤	（中常侍）、制、「矯制、腰斬」
84	竇阻免喪	「重辟」
87	蕭儼震牛	緡、南唐、昇元格、格
90	郎簡校券	（掾吏）、贅壻、旧案

91	孝粛杖吏	
92	周相収掾	（廷掾、鈴下）
93	方偕主名	（逃卒、知州事）、刻深
94	宋文墨迹	檄
95	陳議捍取	（主容、通判）
96	胡争窃食	
97	御史失状	處分、「告状」、数駅、聖旨
98	国淵求牋	西京東京、都輦、輦下、（功曹）、開解、牋、一手
99	偉冒苑祚	冒
100	處効鄧賢	「訟牒、侮文、欺誣」、村校、生徒、「寃状」
101	次武各驅	
102	憲之倶解	
103	張昇窺井	
104	蔡高宿海	抑塞
105	劉湜焚屍	（待制）
106	高防効病	周
107	王鍔匿名	匿名
108	至遠憶姓	知選事
109	希崇並付	義子、「三千條悖逆之罪」、名教、抜萃
110	斎賢両易	中書、戚里、臺省
111	王珣辨印	景徳
112	尹洙検籍	籍、咸平
113	孫登比弾	弾丸
114	徳裕模金	（知事）、兜子
115	梁適重詛	妖人、「重辟」、蠱、厭魅
116	袁象悪淫	諮議、「深刑」、犯夜
117	曹駮坐妻	数口、「縁坐」、義絶、（刑曹）、駮

118	孔議詈母	梟首、補治
119	孫亮験蜜	（黄門、中蔵吏）、不謹
120	杜亜疑酒	酖
121	傳隆議絶	皐陶、期功
122	漢武明継	
123	戴争異罰	（大理少卿、監門）、外戚
124	徐詰縁例	（司刑丞）、物故、偽官、家口、籍没
125	刑曹駮財	戸絶
126	左丞免謫	（制）、同籍、暮親、大功親
127	従事函首	（従事、仵作、行人）、凶器、孀子、優戯、諸伶、里胥、丐者、窒
128	乖崖察額	牒、司理院、披、剃、祠部
129	無名破冢	鈿、天后、太平公主、（別駕）、胡人、衰、絰、北邙、清明
130	行成叱驢	長店
131	王曾験税	負郭、質制、税籍、契書、戸版、丁歯
132	司空省書	強梁、（掾吏、司空）
133	韋皐劾財	剣南、簿籍、里属、舟子、大賈、「横死」
134	趙和贖産	比荘通家、「牒状、持刃截江」、姻家、寇江賊
135	柳設榜牒	胡家、烏合、「首」、面縛

136	陳具飲饌	孫権
137	朱詰賕民	大姓、賕、土豪
138	孔察代盗	（都虞候、獄典）、「鍛」、（巡捕之吏）、平民、（監軍）、「故入」
139	崇亀認刀	晢白、屠刀、毬場、宰殺
140	司馬視鞘	狼狽、中孚
141	張鷟捜鞍	
142	済美鈎篋	錠、舩夫、舟者、汊
143	承天議射	（直帥）、蹕、「異制」
144	廷尉訊猟	（典農、校事、功曹）、平、流亜、（士師）、「直筆」

『諺解』において難語の説明が行われているのは九十八話で全体の約六八パーセントとなり、難語の種類は、官職用語（（ ）で示す）や法律用語（「 」で示す）などが主であることがわかる。日本人にはあまり馴染みのない中国の風物と中国の法制に関する用語の詳細説明は、文章の理解と法律知識の把握に役立つものと見てよい。

二、法律の書としての『諺解』

滝田貞治氏の指摘によれば、『諺解』の台北帝国大学（今の国立台湾大学）蔵本には「旧和歌山徳川氏蔵」「南葵文庫」の印記があるという(十)。また、東京大学総合図書館蔵本には「紀伊国徳川氏図書記」「南葵文庫」の印記が記されてもいる。いずれにせよ、『諺解』はかつて紀伊徳川氏に所蔵されていたことが明らかである。『諺解』が紀伊徳川氏に帰する経緯について、次節にその由来を見てみたい。

二・一、頼宣と法律の書

先生六十八歳　今夏五月尾陽義直卿逝二於江戸邸一。先生哀慕作二挽詞一奉レ悼レ之。初先生在二駿府一時、既謁二義直卿頼宣卿頼房卿一。故三卿共善遇レ之。曽応二義直卿之求一作二神社考詳節宇多天皇紀畧等一。常談二本朝故事一。応二頼宣卿之求一作二棠陰比事諺解一。且屢々問二法律之事一。応二頼房卿之求一抄二出神道要語一。頼房卿嫡子羽林光圀卿好作二詩文一、屢々有二贈答一。凡在レ府三十餘年、其間侯伯達官士林濟濟。或開二講席一或設二雅筵一。其交際親疎有レ差。

〔筆者の書き下し〕今夏五月尾陽義直卿江戸の邸に逝す。先生哀慕して挽詞を作り、これを悼み奉る。初め先生駿府に在る時、既に義直卿頼宣卿頼房卿に謁す。故に三卿共に善くこれを遇す。曽て義直卿の求に応じて神社考詳節、宇多天皇紀畧等を作り、常に本朝の故事を談す。頼宣卿の求に応じて棠陰比事諺解を作る。且つ屢々法律の事を問ふ。頼房卿の求に応じて神道要語を抄出す。頼房卿の嫡子羽林光圀卿好みて詩文を作る。屢々贈答有り。凡そ府に在ること三十餘年、その間侯伯達官士林済済たり。或いは講席を開き或いは雅筵を設く。その交際親疎差有り。

（『羅山林先生集』[十一]）

この記事によって、『諺解』は羅山が徳川頼宣の依頼に応じて作成した呈上本であること、そして頼宣がその時期法律に関心を強く持っていたことが窺える。その背景には父家康に影響された頼宣の法律への関心と紀伊藩政確立の必要という現実的な要請があったものと思われる。

徳川家は幕府の基礎を築くために法律の書に注目していた。家康は大明律を所有しており[十二]、これは八代将軍吉宗が明・清律に留意する以前に、すでに初代将軍から法律に関心を持っていたことを示すが、頼宣が家康の側で育ってきた十男として父からの影響を受けたことは想像に難くない。更に、家康は遺命して、駿府の蔵書中、神典は水戸の頼房に、国書は尾張の義直に、漢籍は紀伊の頼宣に分与したという[十三]。先に取り上げた記事では、家康の側近であった羅山が依頼を受けて編んだ書籍として、頼房へ『神道要語』、義直へ『神社考詳節』、頼宣へは『棠陰比事諺解』が記されていることを考え合わせれば、頼宣治下の紀伊において研究された漢籍の一環として法律関係書があり、『棠陰比事』があったことが予想される。

更に現実問題として、頼宣は紀伊入国後、為政者として藩体制を確立しなければならなかった以上、法令の制定など数多の政策を実施するために[十四]、法律知識を求めたのは当然のことであったと言えようが、頼宣以後の紀伊歴代藩主も法律研究に力を尽くした[十五]。

紀伊藩徳川家の為政者たちが一連の法律研究を進めることになった背景には、社会の需要という重要な原動力以外に、初代藩主頼宣の影響があったものと思われる。頼宣は朝鮮の帰化人李一恕（字真栄）一門と明の帰化人呉仁顕を召し出して、紀州藩に明律の研究を勃興せしめることになる。(十六) 李真栄、その子梅渓、梅渓の養子一陽、呉仁顕などによる明律や中国語学の知識は、榊原篁洲（名は玄輔）の唐話の修得、更に鳥井春沢の律学の学習（篁洲・春沢は二代藩主光貞時代の明律学者である）などを成就させる要因となった。頼宣の時代が「明律研究の萌芽期」と称される所以である。(十七) 紀伊藩二代藩主光貞から法律学が興る(十八)とは言われるものの、初代藩主頼宣からすでに法律学の基盤が築き始められていたと考えてよいだろう。その業績の一つが羅山に『諺解』を著させたことだと考えられる。

更に当時紀伊藩には法律関係書が豊富であった。この点について明律関係の中国書を蒐集していた加賀藩主前田綱紀（一六四三―一七二四、第五代加賀藩主、以下綱紀と記す）と紀伊藩との関わりを通じて述べたい。綱紀が自ら編した『大明律諸書私考』には次のように記される。(十九)

往歳紀亜相令三榊原玄輔《ママ》編二明律諺解一。木順老問下玄甫《ママ》所二引用一之諸書如何上。玄輔書以答レ之。今令嗣寅亮得二於故帋堆中一、使三岡嶋某贈二余別館之梧右一。聊写二其題名一為二異日捜索之一助一。如レ左件之帋不レ可レ疑。面所々虫喰其時之本帋也。

宝永巳丑仲夏十月九日飛州刺史依二発軫枉駕一於二余之別館一対話之暇識レ之。

〔筆者の書き下し〕往歳紀亜相、榊原玄甫をして明律諺解を編ましむ。木順老、玄甫の引用する所の諸書如何を問ふ。玄甫書以て之に答ふ。今令嗣寅亮故帋堆中に得、岡嶋某をして余の別館の梧右に贈らしむ。いささか其の題名を写し、異日捜索の一助と為す。左の如く件の帋疑ふべからず。面ところどころ虫喰ふはその時の本帋なり。

宝永六年仲夏十月九日飛州刺史、発軫枉駕に依りて余の別館において対話の暇に之を識す。

この記事によれば、木下順庵が弟子の篁洲に『大明律例諺解』を著した時の参考書について尋ねたことがわかるが、綱紀は順庵の次子、木下寅亮（菊潭）に、その折の篁洲と順庵の手紙を献上させている。事実、この資料の直後には篁洲の利用した三十二種の明律関連の参考書目が書き並べられてもいる。(二十)「紀亜相令三榊原玄輔編二明律諺解一」とあるように、篁洲が藩主の命令で作成していることは言うまでもなく、紀伊藩に明律関係書が所蔵されていたことを裏付けていよう。また、宝永七年（一七一〇）には綱紀が再び寅亮を通じて、紀伊藩に仕えている順庵のもう一人の弟子、祇園南海（一六七六―一七五一、江戸時代中期の儒者、漢詩人）にも紀伊藩所蔵の明律関係の書物について問い合わせをしていた。(二十一)更に、綱紀は紀州の文庫に収蔵されていた『読律瑣言』（明律の注釈書）をも求めている。(二十二)当時紀伊藩には確かに法律関係書が豊かに所蔵されていたと言ってもよかろう。

二・二、羅山による法律専門書

徳川三代の将軍に仕えた羅山は法律関係書に早い時期から注目していた。師藤原惺窩から明律を借用し、(二十三)また「律令・大明律・同講解・律解弁疑・洗冤録・無冤録・折獄明珠・祥刑要覧・棠陰比事〔割注〕桂万栄撰・廉明公案・古今律」という一連の法律書籍を収集している。(二十四)この中に含まれる『棠陰比事』について、羅山は注釈によってその法律専門書としての性質をいかに明らめていったのか。羅山が『諺解』において解説した法律用語に注目して、その法律専門書としての性質について考察したい。

二・二・1、「宗元守辜」

馬宗元の父（馬麟）は人を殴り、しばらく「守辜」（被害者の被害状態を見ながら処罰を後に施す）にされていた。後に、被害者が死去したので、父は人を殺した罪科で処刑されることになる。

この文章に出てくる「守辜」という言葉は中国の法律用語である。それについて、『諺解』では次のように記される。

父麟殴人。被繫。守辜。而傷者死。将抵法。（後略）

（『棠陰比事』）

馬麟トラハレテ、守ルレ辜《ツミ》ヲ、守辜トハ相手カ死ナハ、我モ死ントスルヲ云也、罪ツクリテ死ヌヘキヲ、辜トス、保辜ト云モ、守辜ノ義ナリ、打レテ傷ツケル者死ヌル故ニ、馬麟ヲ死罪ノ法ニ當ントス。

（『諺解』）

このように「守辜」を注釈しながら原話を翻訳するが、「守辜」について、羅山は更に『疑獄集』や『無冤録』などに遡って次のように詳細に考証している（原本を尊重して、訓点は原本のままとする）。

疑獄集云、大明律、凡ソ保辜ハ者、責《ハタ》ル令メ犯人ヲ医治セ、辜ノ限ノ内ハ、皆須ク因テ傷キ死者ノ、以テ闘《イサカ》ヒ殴《ウ》チテ殺ト云ヲ人論ス、其ノ在テ辜ノ限ノ外ニ死ヌル者ハ、各ク従フ本《モト》殴《ウ》チ傷《キス》ツク法ニ、若シ折傷以上、辜ノ内、医治平復スル者ノハ、各ク減《オト》ス二等ヲ、辜ノ限満日ニシテ不ル平復セ者ノハ、各ク依テ律ニ全ク科《オホ》ス、又按スルニ唐律ニ云ク、保辜限ノ内死ヌル者ノハ、依テ殺スニ人ヲ論ス、限ノ外ニ死ヌル者ノハ、依ル本殴傷法ニ、又按スルニ元史ノ刑法志ニ云、保辜限ノ内死ヌル者ノハ、依テ殺スニ人ヲ論ス、辜ノ限ノ外ニ死ヌル者ノハ、杖一百、蓋シ元氏未タ嘗テ定メ律ヲ及テ聖朝未タ定律之先ニ、皆以テ唐律ヲ比擬ス、故ニ我朝ノ律文、多ク宗トス唐律ヲ、而シテ此ノ条亦本ク之ニ也、呉訥嚢《サキ》ニ在テ南京ニ会ヌ審《ア》ニスルニ刑部ノ罪囚ヲ、有リ殴テ人ヲ、辜ノ限外ニ死者ノ、訥カ曰ク、當ニシ依ル本《ト》殴傷法ニ、或人ノ曰律ニ云、辜ノ限リ満テ不ル平復者ノハ全ク科《オホ》ストト、此レ当ニシ死《コロ》ス、訥カ曰ク、所ノ云フ限リ満テ不ル平復セ全ク科《オホ》ストハ者、因テ上ノ文ノ折傷以上、限ノ内平復スレハ、減スト云二等ヲ立タリ文ヲ、蓋シ謂フ辜ノ内雖トモ平復スト、而モ成《ナ》シ残廃篤疾ヲ、及ヒ限リ満テ不ル平復セ者ノハ、則全ク科スルコトヲ折傷ノ之罪ヲ、若シ曰ハ、辜ノ限ノ外ニ死ヌル者ノハ、全ク科スト死罪ヲ、則律ノ文ニ何ソ不シテ云傷《キス》ツイテ不シテ平復セ而死ヌル者ノハ、絞ストス、乃虚ク立ン此ノ辜限ヲ乎《ヤ》、後ニ此ノ囚会テ赦ニ得タリ免コトヲ、然モ或人終ニ不以テ愚カ言ヲ為《セ》然リト也、近《チ》ロ読テ宋元守辜ノ事ヲ、有リ感、因テ備ニ載ス之ヲ、読者評セヨ焉。

無冤録云、保辜限《ケン》次、（保辜ハ、即保ツ其ノ罪名ヲ也、保辜有リ定レル限ノ日ノ次也）如キハ拳手殴ツカ人ヲ、例シテ限リ十日ヲ、計テ累ス千刻ヲ、（言心ハ一日百刻、十日ハ、則《ス》計テ之ヲ積累シテ而為千刻ト）以テ定ム辜ノ限ノ之内外ヲ。

（『諺解』）

日本の法律規定の多くは唐律に基づいたものであるという注目すべき指摘（波線の部分）もされている。また、「守辜」（「保辜」）に関する解釈の中で、大明律と唐律は罪を守る時限以内の相手の死亡、また時限以外の死亡に対して、相手の平復情況によって処罰程度が変わるという条目が追加される。羅山の詳細な調査によって、「守辜」という言葉の意味が明らかにされているが、当該箇所において、『物語』では「守辜」という言葉に対する解釈がなく、『加鈔』では「守辜」の意味が詳細に紹介されてはいるものの、『無冤録』を祖述するのみに止まっている[二十五]。『諺解』は忠実に原文を翻訳するとともに、法律に関しても、厳密に考証し、特に日中の制度を比較するという視点に配慮した注釈書であるという性格が窺える。

二・二・2、「季珪雞豆」

ここで注目したいのは、原文を翻訳する以外に日本の類似的な事件を並べている『諺解』の記述方法である。「季珪雞豆」は、鶏の所有争いを裁く際に、原告被告両方に鶏にやった餌を聞き、その後、鶏を殺して、その餌が豆か粟かを確認し、争いを解決した話である。羅山は『諺解』でこの話の訳文の後に次のような按語を付けている。

日本ニテ、世俗云ヒ伝ヘシハ、或人、三歳ノ子ヲ争フ、両方ノ申スロ、同様ナレハ、決スルコトアタハス、問フ者、イカヽセント案シテ、今朝小児ニ何ヲカ食シムルヤト尋ヌル時、一人、粥ヲ飲シムト云、一人ハ、赤小豆飯ヲ食シムト云フ、爰ニオイテ、薬ヲ飲セテ、吐セテ、見レハ、赤飯ナリ、是ニヨリテ、粥ト云者ノ詐、顕レタリ、若吐シムルコトアタハスンハ、如何センヤ。小児ノ腹ヲサイテ、見カタシ、黄覇李崇カ、児ヲ奪トラセ、児死タリト云テ、其嘆クヲ見ルカコトクニセンカ、若乳母アラハ、コレヲ証トセンカ、乳母ナクハ、近隣ニ問ン、隣家モ、奴婢モ、シラスハ、如何センヤ、但児ステニ三歳ナラハ、定テ父母親類ヲハ、見シルヘシ、他人ヲハ見知ヘカラス、争ヒヲワクルコトモ、種々ノ術ヲ用ヒスンハ、辨シカタシ。

先の「宗元守辜」同様、頼宣にとっては中国での話を知ることができるとともに、三歳の子に吐かせた物から真の親を判断するという日本の類話が紹介されることによって、日本における類似事件を類推、把握することができるように工夫されている。同時に、中日両篇の相違点や、乳母や近隣に証してもらうこと等、実際の解決方法があげられている。最後の「争ヒヲワクルコトモ、種々ノ術ヲ用ヒスンハ、辨シカタシ」との羅山の認識は、『諺解』が為政者としての現実的な問題解決のヒントを提供するものであったことを改めて示唆している。

二・二・3、「韓参乳医」

兄の財産を奪うために兄嫁を人に嫁がせ、その甥を他人の子と偽ったという「韓参乳医」の内容に対し、『諺解』では同じ事件についての『図書編』の記事を挙げ、『宋史』や『疑獄集』の記述とも比較し、その異同を検討して真否を次のように確認している。

参政韓億知洋州時。土豪李甲者兄死。迫嫁其嫂。因誣其子為異姓。以専其貲。（後略）

〔筆者訳〕副宰相韓億が洋州の知事であった時、土地の有力者である李甲という者が、兄の死んだ後、兄嫁を否応なしに人に嫁がせ、その子が李家の子ではないと偽って、その財産を奪った。

(『棠陰比事』)

道春、或時図書編ヲ見ルニ、A晏元献殊、洋州ヲ知ル時、李甲ト云者アリ、兄死テ後其子ヲ兄ノ子ニアラスト云テ、B其里ノ形チノヨク似タル嫗ニ、財ヲトラセ、詐テ、我カ子ナリト云ハシメ、其里嫗ヲ李甲カ家ニカヽヘオク、C又嫂ニ酒ヲノマセ、其酔ノサメサル内ニ、他人ニヨメ入セシム、(後略)

(『諺解』)

『諺解』「韓参乳医」は『棠陰比事』「韓参乳医」の原文をほぼ忠実に訳した部分である。『諺解』で取り上げられた『図書編』が原典と大きく異なるのは、A、B、Cの三カ所である。A裁判官が晏殊になっていること、B甥と似ている里嫗を探し出してその子を自分の子だと言わせること、C『棠陰比事』の記載「迫嫁其嫂」の内容をより具体的に、嫂を酔わせて嫁がせたとすることである。羅山はこのような相違点について次のように語っている。

棠陰ニハ、韓億ト云テ、晏殊ト云ハズ、宋史韓億カ伝ニ、此事ヲ載タリ、疑獄集ニモ、韓億カコトナリトス、宋史ニ、晏殊字同叔、真宗仁宗ノ時ノ人ナリ、謚ヲ元献ト云フ、洋州ニ知タルコトナシ、此乳医ノコトナシ、然レハ図書編、誤レリ、然レトモ形チノ似タル者ニ、己カ子ナリト云ハセ、嫂ヲ酔シメテ、他人ニ嫁セシムト云フ処、詳ナルユヘニ、事繁ケレトモ、考ヘ載スルナリ。

羅山は『棠陰比事』、『宋史』、『疑獄集』と『図書編』の記述を比較し、晏殊の人物伝を紹介して、『図書編』が誤っていることを指摘した。ここで注目したいのは、その誤った話を羅山が取り上げて載せた理由である。BとCは『図書編』で増加された根拠のない内容であるが、詳細に描写されているプロットは読者の参考になるとの判断からであった。

即ち、羅山の考察の意図は、事件の考証のみでなく、同じ事件に対する異なった描写によって読者の事件の背景に対する理解を深め、視野を拡大させ、事件の要因或いは対応策の様々な可能性を考えさせる役割を果たすことにあった。羅山は諸書を博捜、検討しながらも、それは単なる学問的要請からだけでなく、多様な現実に対する為政者への実用的必要性を考慮したものであったと言えよう。

三、普及しうる注釈書

『諺解』は漢文訓読調の堅い文語体になっているが、その的確かつ平易な注釈の姿勢ゆえに、為政者への実用書としての背景を超えて文芸の世界へと普及しうる注釈書となる可能性が生じる。本節では語義と文脈に対する注釈態度から、『加鈔』と『物語』との対比において、『諺解』の優れた特徴を見ていきたい。

三・一、的確な語義理解

三・一・1、「思兢偽客」

唐の則天武后の時、駙馬の崔宣が謀反をしていると誣告する者がいた。武后は裁判官の張行岌に真偽を調べさせた。ある時、崔宣の家族の密談の内容がすぐにその誣告者に漏れた。崔宣のまたいとこ思兢は、家中に密告者がいると疑い、嘘をついてその密告者が誣告者と連絡するのを待った。

次にその場面と注釈書における対応箇所を挙げる。

遂侵晨伺於臺側。有門客素為宣所信任。乃至臺賄門吏以通告者。

（『棠陰比事』）

夜ノ明ルコロホヒニ、微服シテ行テ、臺ノ側ヲ伺フ、臺ハ、御史臺也、奉行所ノ事也、張行岌カ居ル所ナルヘシ、彼申者モ此所ニアリ、カヽル処ニ、人ノ門客アリ、臺ニ来テ、門番ニ賂テ、彼申ス者ノ所ヘ、伝言ヲ通ス。

（『諺解』）

あさまだきに。台のたハらにかくれゐてうかゞひ見るに。一人の門客あり。能々ミれば。つねハさいせんと中よきもの也此者台にいたりて。もんばんの者に物とらせて。此事つげし者にあふべきよし。たのむおとしけり。

（『物語』）

夜ノ明カタニ崔宣カ家ノ臺ノ側ニ伺ヒ見ケレハ。崔宣カ門客ノ別シテ崔宣カ信スル者。臺ニ至テ門番ノ者ニ物ヲクレテ。告ル者ニ通スル也。

（『加鈔』）

「臺（台）」に対する扱いは『物語』、『加鈔』、『諺解』で異なっている。『物語』では「臺」について説明していないが、『加鈔』では「崔宣カ家ノ臺」と訳している。「臺」に対して何も説明がない場合、「うてな」のことを表す一般の「臺」の意味と解されることになろう。しかし、この場合それは適当ではない。崔宣の門人が崔宣の家の臺へ来て、門番に賄賂を渡して誣告者と連絡するのは不自然であり、また誣告者の家の臺とするなら、そもそも門番に賄賂を渡す必要がないからである。一方、『諺解』では「臺」に対して、「臺ハ、御史臺也、奉行所ノ事也」と解説する。即ち、ここにおける「臺」は、官吏の不正を裁き正す役所である「御史臺」を指すことになる。更に文章の流れによってこの話の「臺」を具体的に「張行岌カ居ル所ナルヘシ、彼申者モ此所ニアリ」と解釈を加えており、適切な処置と言うべきであろう。

解釈上の難語というべき「臺」に対し、この文章における具体的な意味を付加することによって、読者のより正確な理解に気を配った羅山の姿を推測することができよう。

三・一・2、「乖涯察額」

ある人が僧侶を殺して、その僧の身分証明書「牒」を奪い、僧侶の身分を偽称した。尚書である張詠はその悪人の額に頭巾をかぶった跡があるのを見て、本当の僧侶を殺した殺人犯であると看破した。

まず、この話の章題における「乖涯」という語について考えたいが、『棠陰比事』の章題における裁判官の名前・字や肩書については殆どが文中に記述されている。しかし、この話の「乖涯」については原文では説明がなく、注釈書において初めて次のように記される。

張詠字ハ乖涯ト云人。江寧府ヲ知行スル時ニ。（『加鈔』）

宋朝ノ工部尚書張詠、自ラ乖涯ト号ス、江寧府ヲ知ル時ニ。（『諺解』）

『物語』では「乖涯」については言及されず、『加鈔』と『諺解』では、「乖涯」に対する注釈が記されるものの、「乖涯」と張詠との関係についての説明が異なっている。『加鈔』が「乖涯」を張詠の字としているのに対し、『諺解』では「乖涯」は張詠の号であるとして正しく解釈されている。(二十六) その上、張詠の身分が正確に、「宋朝ノ工部尚書」と紹介されている。

更に次の傍線Dの部分を見てみたい。

張詠尚書知江寧府。D有僧陳牒出憑。公拠案熟視久之。判送司理院勘殺人賊。

〔筆者訳〕尚書である張詠が江寧府の知事であった時、僧がいて、証拠として度牒を提示した。張詠は机をおさえて長らくよく見た後、僧を殺人犯として取り調べよと、州の司理院へ移送させた。

（『棠陰比事』）

当該個所Dは、ある僧が証拠として牒を提示したという内容であるが、なぜその者が殺人して役所に牒を示し僧の身分を偽ったのかは、原文では言及されていない。『物語』や『加鈔』でもその原因は説明されていないが、『諺解』では、このことについて次のような説明（傍線部）が加えられている。

一人ノ僧アリ、牒ヲノヘテ、証拠トシ、役ヲ免レントス。

（『諺解』）

即ち、役を免れるために僧の身分を偽ろうとしたのである。中国では僧尼に正式の出家得度者であることを証した公文書である「度牒」を給付する。得度者の本籍や僧名や所属寺院等が列記される度牒を示すことによって僧尼は諸方の寺に宿泊修行することもでき、度牒を得た者は力役や租税の免除を受けることも可能であった。[二十七]この点につき、例えば、『晋書』巻七十五に、「古者使人、歳不過三日、今之労擾、殆無三日休停、至有残刑剪《ママ》髪要求復除、生児不復挙養、鰥寡不敢妻娶」（筆者訳：昔国が民を使うのは年に三日に過ぎなかった。今は三日で終わる労役はほとんどない。体を傷つけたり髪を剃ったりして、労役の免除を求めようとし、子どもを生んでも育てようとはせず、妻を失っても再婚しようとはしない、というところまでに至った）と述べられる。この「剪髪要求復除」とは、髪を剃って僧侶になり、力役等の免除を求めようとしたことを意味する。また宋代には得度者の名を記入しない空名度牒が売り出された[二十八]ことも知られる。それを買い求める者は僧侶の特権としての租税・力役の免除を目的としたことは言うまでもない。

『棠陰比事』は記録集として事件の要点のみをまとめているので、「乖涯察額」原文では役所に牒を示す理由が記されずに済まされている。しかし、『諺解』では、この事情について一言説明を追加することによって、文章の内容とともに中国宋代の僧侶制度のことが自然に理解できるよう配慮されたことが窺えよう。

三・二、適切・平易な文脈理解

的確な語義をつけることのみでは、『棠陰比事』の理解には不十分な点もある。問題になるのは『棠陰比事』原文において文脈の繋がりが不明確な箇所に対する処置であった。右の「乖涯察額」では「役ヲ免レントス」と一言付加しているが、他の問題箇所に対しては羅山は如何に解決しているのか。以下の例を通じて少し検討を加えたい。

三・二・1、「高柔察色」

「高柔察色」では兵士竇礼が行方不明になり、「没身」とされたことについて、妻が濡れ衣だと訴えに行った。その後、裁判官高柔が竇礼から金を借りた焦子文を尋問することによって解決する。しかし、なぜ妻が濡れ衣だと訴えなければならないのか。「没身」の内容を確認する必要がある。

竇礼近出不還。営以為没身。其妻盈氏及男女称冤自訟。（『棠陰比事』）

〔筆者訳〕竇礼が最近出かけて戻ってこなかった。兵営側は「没身」と思っていた。その妻の盈氏は（子の）男女と濡れ衣だと自ら訴えた。

「没身」に関しては、『漢語大詞典』はその語義として、①生涯、②身を落とす、③参加する、の三つをあげている[二十九]が、何れも文脈に合わないことは明らかである。羅山は『諺解』で、原文に即して「ユクサキニテ死タリ」とひとまず訳した上で、文末にこの事件に関する『三国志』「魏書」の記載を引く[三十]。

魏書高柔カ本伝ニハ、I竇礼ハシリテ逐電ストテ、其妻子ヲ捕ヘテ、奴婢トス、時其妻盈氏、II我夫カケオチスヘカラス、人ニ殺サレタルナルヘシト、頻ニ訴フ、後ニ竇礼殺サレタルコト実ナルニヨリテ、妻子ヲユルシテ、平民トスト云。

（『諺解』）

この記述は『棠陰比事』原文と比べて、異なる部分が二つある。Ⅰ竇礼に逃亡されたため妻と子供が奴隷とされること、Ⅱ竇礼が人に殺されたに違いないという妻の訴えである。主人の逃亡によって奴隷とされたことは、妻が訴えを起こす背景、または動機になると言ってよい。『棠陰比事』ではこの記述が省かれ、ただ「没身」とだけあったが、『物語』と『加鈔』ではこの部分について次のように翻訳されている。

竇礼《とうれい》といふ者。近所《きんじよ》へたち出けるが。いかゞしたりけん。それわがやどへかへらざりけり。人ミな此者。身をなげたりとおもへり。とうれいがつま。其外けらいのものども。けふよりのちハたれたのミ。たれにかよらんとなげきて。そのありかをしらまほしくおもひ。つゐに廷尉《ていい》高柔《かうじう》にぞうったへ申ける。

（『物語』）

竇礼ト云者。カリソメニ出テ皈ラス。人皆ハシリタリト思ヘリ、没ハハシリタルト云義也、其妻盈氏及ヒ男女訟フレトモ。誰モトンチャクスル者ナシ。廷尉ニ詣リテ訟フ。

（『加鈔』）

『加鈔』では「ハシリタリ」、『物語』では「身をなげたり」とあり、それぞれ竇礼が逃亡した、死んだと解釈されるが、二書とも原典のみに対応するように妻と子供が奴隷とされることには言及がない。『棠陰比事』「高柔察色」の話が不自然であることについて、羅山のみは考証を加え、『諺解』に『三国志』に基づき補足を施した。そのことにより、原告（妻）が「称冤」として訴訟を起こした理由が明らかとなり、文章全体が理解しやすくなっている。

三・二・2、「定牧認皮」

北斉彭城王湝為定州刺史。有人被盜黒牛。上有白毛。長吏韋道健謂従事魏道勝曰。使君在滄洲日擒奸如神。若獲此賊實如神矣。湝乃詐為上府市皮。倍酬其直。[※1]皮至使牛主認之。因獲其盜伏罪。

（『棠陰比事』）

この話には二つの問題点がある。一つは題目に出る「定牧」。もう一つは従事の魏道勝が登場する役割である。「定牧」については、原文にそれを紹介する言葉がなく、『物語』や『加鈔』にも言及されていない。しかし、『諺解』では次のように説明される。

北斉ノ彭城王高湝ハ、神武帝ノ子ナリ、定州ノ刺史タリ、刺史ハ太守タリ、太守ヲ牧ト云、定州ノ牧ト云ヲ以テ、定牧ト号ス、牧ハ養ナリ、民ヲ養ノ義也。

（『諺解』）

この説明によって、定牧とは定州の刺史であることが理解され、文章との関連性が明らかとなる。また、原文では人物「魏道勝」がなぜ登場するのかについて、少しも説明がない。『北斉書』「列伝第二　高祖十一王」(三十一)に遡って見ても、『棠陰比事』と大きな変わりはなく、その理由は特に記されていない。この点について、次に示すように『物語』では原文通りに訳してあるが、『加鈔』と『諺解』では、魏道勝が事件の究明に参与することが付加されている。

韋道健と申人。魏道勝にかたつていわく。其方むかし滄州にありし時。よく奸人をとりこにする事。神のごとしといへり。もし今此ぬす人をいださば。まことに神のごとくならんとぞ。かたりける。わうゆう則いつハリて。上へたてまつるまねして。市にてうしの皮をかひけり。そのあたひをましてかひければ。いかほどともなく。うしの皮あつまりけり。其中にて。かのうしぬしにミせければ。つゐに見出してぬす人をとらへけり。

（『物語』）

長吏ニ韋道健ト云者。定州ノ従事魏道勝ニ云ヤウ。使君ノ滄洲ニ居ラレタ時。盗人ヲ捕ルコト、人間ノワサニテナキ様ニ沙汰アリ。今若此盗人ヲ捕ヘラレタラハ。真実ニ神変ト云ヘシト云。其テ道勝カ詐テ[※2]漱カ牛ノ皮ヲ買テ府中ヘ上ル程ニ。価ハ常ノニ一倍シテ買可ト云。

（『加鈔』）

長吏韋道健、此時、従事魏道勝ニ語テ、使君滄洲ニアリシ日、盗人ヲ執フルコト、神明ノ如シト聞ク、今若シ此牛盗人ヲ執ヘハ、実ニ神明ナラント云、従事ハ太守ノ下ツカサ也、使君ハ太守ヲ云ナリ、魏道勝、此由ヲ王ニ申ス、王、即偽テ官府ヨリ、牛ノ皮ヲ買求ルマネシテ、其価ヲ一倍タカク買フ。

（『諺解』）

『加鈔』では、魏道勝が盗人を誘き寄せるために口実を実行しているのに対し、『諺解』では、太守高湝が行ったことになっており、湝がこの牛盗人の事件を知ったのは魏道勝からの報告によったとする。このように『諺解』と『加鈔』では前文に一度登場した魏道勝という人物が事件と関わるように一言が添えられているのであるが、『棠陰比事』では、官府より牛の皮を買い求めるとの偽りをなすのは湝であり（波線※1）、『加鈔』（波線※2）の理解とは異なる。「若獲此賊實如神矣」という声に応えるためにも、実行者は湝と設定されなければならないところであり、『加鈔』は誤りとすべきである。『諺解』においては原典の流れを誤りなく合理的に読みやすくする工夫が施されていると言ってよい。

羅山が多くの文献を渉猟した上で適切な文を補足し、原典の穴を埋め難解点を解決したことで、為政者を含むさまざまな教養レベルの読者の理解に対応することが可能となった。その結果、『諺解』は、為政者への政治用書としての背景を超えて幅広い世界へと普及しうる可能性が生じたと言えるだろう。

しかし、『諺解』は出版されてはいない。羅山が『諺解』を頼宣に呈上する経緯を伝える前出の記事には、義直に

『神社考詳節』を呈上したことも記されるが、『神社考詳節』が出版されていることを考慮すれば、（三十二）『諺解』にも出版への動きがあったかもしれない。少なくともこうした呈上本が為政者の手許に止まることなく、外部に開かれるルートが存在し得たことの事実は大きい。出版されなかったものの、『諺解』は頼宣と羅山に関わる政治・文化圏において一定の享受がなされた可能性があろう。

結びに

『諺解』は紀伊藩の体制整備の必要に迫られた頼宣の依頼で作成されたものであったが、『棠陰比事』の判例記録を漢学的な知識を用いて的確に訳し、更に、原文や参考文献における脱落など不明瞭な個所についても考証の上に適宜補い、話の平易な理解を目指した注釈書であった。しかし同時に、法制用語、同じ事件に対する相違する記載事実、中国の事件と類似する日本の事件の紹介など、日中の裁判比較とともに、より多くの事案解決方案を提示することによって、専門性が高く実用的な法律注釈書が提出されることになった。

『諺解』のこうした特徴、換言すれば、漢文や法律に関して合理的な考え方に基づきながら平易に教え導いていくというこの特徴によって、頼宣に限らずそれに連なる人々を中心に享受範囲が広がった可能性がある。『諺解』が『板倉政要』をはじめ、その他の文芸娯楽作品にまで影響を与えることは、十分に視野に入れるべき課題となろう。

注

（一）中村武夫氏「棠陰比事物語について」（『書誌学』第2号、昭和四十年十一月）。

（二）長島弘明氏「調査報告八　常磐松文庫蔵『棠陰比事』（朝鮮版）三巻一冊」（『実践女子大学文芸資料研究所年報』第2号、昭和五十八年三月）。

（三）第一章「『本朝桜陰比事』と『棠陰比事』の表現の一考察」（『和漢語文研究』第8号、京都府立大学国中文学会、平成二十二年十一月）、第二章「『板倉政要』をめぐる諸問題――『棠陰比事』と『本朝桜陰比事』とに関連して」（『和漢語文研究』第9号、平成二十三年十一月）。

（四）市古夏生氏「近世前期文学における『棠陰比事』の受容」（『二〇〇二日本研究国際会議論文集』台湾大学日本語文学系、平成十四年十二月）。

（五）柳田征司氏「林羅山の仮名交り注釈書について――抄物との関連から」（『国語学論集：築島裕博士還暦記念』、築島裕博士還暦記念会編、明治書院、昭和六十一年）。

（六）渡辺守邦氏「仮名草子と羅山」（『仮名草子の基底』、勉誠社、昭和六十一年）による。

（七）鈴木健一氏「林羅山の文学活動」（『国文学・解釈と鑑賞』、第73巻10号、至文堂、平成二十年十月）。

（八）大久保順子氏「『棠陰比事』系列裁判話小考――「諺解」「加鈔」「物語」の翻訳と変容」（『香椎潟』第44号、福岡女子大学国文学会、平成十一年三月）。

（九）松村美奈氏「『棠陰比事』の注釈書についての一考察――林羅山との関連を軸に」（『文学研究』95号、日本文学研究会、平成十九年四月）。

（十）「『本朝桜陰比事』説話系統の研究」（『西鶴襍稾』、野田書房、昭和十六年）。平成二十四年三月、国立台湾大学にて筆者が調査した段階では、『棠陰比事諺解』の所在は不明であった。

（十一）　京都府立総合資料館蔵『羅山林先生集』「附録　巻第二年譜下」（版元不明、寛文二年）。
（十二）　奥野彦六氏『徳川幕府と中国法』（創文社、昭和五十四年）第二編第一「徳川家康と明律」。
（十三）　松下忠氏「紀州藩漢文学の全貌」（『学芸研究人文科学Ⅰ』、和歌山大学学芸学部、昭和二十五年十二月）。
（十四）　『三百藩藩主人名事典』（新人物往来社、藩主人名事典編纂委員会、平成十五年）。
（十五）　二代藩主光貞は、元禄三年（一六九〇）に榊原篁洲に命じて『大明律例諺解』を作らせ、五代藩主吉宗は『大明律例諺解』をより正確な注釈書とするため、正徳三年（一七一三）に「参訂」、正徳五年に「考正」と称する作業を命じ、『大明律例諺解』に修正を加えた。吉宗は将軍職に就いた後、享保五年（一七二〇）に高瀬喜朴に命じ『大明律例訳義』を作らせたが、この著作は紀伊藩六代藩主である宗直の命令で作られたという説もあるが（『紀州の藩学』〈松下忠氏、鳳出版、昭和四十九年〉、『江戸時代における中国文化受容の研究』〈大庭脩氏、同朋舎、昭和五十九年〉）、いずれにしても紀伊藩に深く関わる事業である。享保八年に、幕府儒官の荻生北渓は吉宗の命令で、明律の原文を載せる訓点本の『官准刊行明律』を著し、その後、続いて唐代、清代の刑法に関する研究活動を行い、享保九年には荻生徂徠が『明律国字解』を著すことになる（大庭脩氏前掲書）。当時紀伊藩が法律書を多く蒐集していたことは、明律に強い興味を示した加賀藩主前田綱紀（寛永十九年～享保九年）が紀伊藩所蔵の明律関係の書物について問い合わせをしていること（『加賀松雲公』中巻、近藤磐雄氏編、羽野知顕出版、明治四十二年）からも窺える。
（十六）　注（十五）前掲書『紀州の藩学』。
（十七）　注（十五）前掲書『紀州の藩学』。
（十八）　「紀伊光貞卿ハ才気顯秀ニシテ剛勇武ヲ尚フ父ノ風アリ亦律書ヲ好ミ儒臣ニ命シテ明律ヲ訳セシム紀州ニ法律学アルハコヽニ起レリ」（『南紀徳川史』巻七、南紀徳川史刊行会、昭和八年）。

（十九）　引用は注（十五）前掲書『江戸時代における中国文化受容の研究』による。

（二十）　「大明令」「皇明祖訓」「大誥」「教民榜文」「諸司職掌」「吏計職掌」「大明集礼」「大明会典」「吾学編」「皇明詠化編」「律条疏議」「読律瑣言」「大明律附例」「律解弁疑」「大明律読法」「大明律管見」「大明律集解」「大明律会覧」「大明律会解」「祥刑氷鑑」「大明律正宗」「刑書拠会」「大明律注解」「吏学指南」「直引釈義」「吏文輯覧」「類書纂要」「無冤録」「六言雑字」「蕭曹遺筆」「通雅正字通」「品字箋」。

（二十一）　注（十五）前掲書『江戸時代における中国文化受容の研究』。

（二十二）　注（十五）前掲書『加賀松雲公』。

（二十三）　『惺窩先生文集』巻之十二（『藤原惺窩集巻上』、国民精神文化研究所編纂、同朋舎、昭和五十三年）「与林道春」（其二）による。

（二十四）　「梅村載筆」（『日本随筆大成〈第一期〉1』、吉川弘文館、昭和五十年）。

（二十五）　守《マモ》リテ㆑辜《ツミ》ヲ而傷《キスツクモノ》者死。此事律《リツ》ノ法《ハウ》ヲ知サレハ。合点《カツテム》ノイカヌコト也。律ノ法ニ人ト諠譁口論《ケムクワコウロム》シテ。相手《アイテ》ヲ傷クレハ。即チ某《ソ》ノ年ノ某ノ月某ノ日某ノ時ニ。某《ソコ》ノ人カ某ノ人ヲ傷クト書《カキ》ツケ。十日ヲ限《カギリ》ニシテ。一日一夜ヲ百刻《コク》ニツモリ。十日ニ千刻也。千刻スキテ千一刻ニナリテ死レドモ。敺《ウチ》タル人ノ罪《ツミ》ハ傷《キス》ツケタル科《トカ》ハカリニテ。死罪ニハ不㆑行也。人ヲアヤマリタル程ニ。相手《アイテ》カ十日ノ内ニ死タラハ。是非ニ及ハス。此方ノ者モ死罪ニ行《ヲコ》ナハルヘキトテ。其傷ツキタル者ヲ。番《ハン》ヲシテ居ルヲ守ル㆑辜《ツミ》ヲト云也。此ハ其敺《ウタ》レタル人ヲ宗元《ソウケム》カ番ヲサセタルニ。其者死タル也。サウアル故ニ。法ノ如ク死罪ニ極《キワマル》也。

（『加鈔』）。

（二十六）　張詠字復之、濮州鄄城人、（中略）大中祥符初、加左丞、三年春、州民以詠秩満借留、就転工部尚書、令再任、

（中略）自號乖厓、以為「乖」則違衆、「厓」不利物。（『宋史』〈『二十四史』中華書局、一九九七年。以下正史は同じ。巻二百九十三〉）。

（二十七）『アジア歴史事典』七（平凡社、昭和三十四年）「度牒」の項による。

（二十八）諸戸立雄氏「唐代における度僧制について――公度制の確立と売度・私度問題を中心として」（『東北大学東洋史論集1』、東北大学東洋史論集編集委員会、昭和五十九年一月）、眞泉光隆氏「宋代に於ける空名度牒の濫発について」（『鴨臺史報3』大正大学史学会　昭和十年一月）等。

（二十九）『漢語大詞典』（漢語大詞典出版社、二〇〇三年）。

（三十）『三国志』「魏書」巻二十四「高柔」（前掲書『二十四史』）では、「営以為亡、表言逐捕、没其妻盈及男女為官奴婢、盈連至州府、称冤自訟」（筆者訳：兵営側は逃亡だと判断して、役所に差し出す文書に、彼を追って捕まえ、その妻の盈と子供を役人の僕に落とすようにと言った。盈はしきりに州府へ行って濡れ衣だと自ら訴えていた）とされる。

（三十一）「北齊書列傳第二　高祖十一王」（中華書局表点本『二十四史』平成九年十一月）による。「長吏韋道建謂中從事魏道勝曰：〈使君在滄洲日、擒姦如神、若捉得此賊、定神矣。〉湫乃詐為上府市牛皮、倍酬価直、使牛主認之、因獲其盗」。

（三十二）『神社考詳節』東京大学総合図書館蔵本（正保二年正月刊、田原仁左衞門板〈『林羅山年譜稿』、鈴木健一、ぺりかん社、平成十一年〉）。

第四章　『板倉政要』の影響

――『鎌倉比事』と『本朝藤陰比事』を中心に

はじめに

江戸時代に京都所司代板倉伊賀守勝重（一六〇一～一六一九年在位）・周防守重宗（一六一九～一六五四年在位）父子が事件を巧みに裁いたことで名高く、二人に関する逸話や裁判物語は少なくない。当時の法令や板倉殿の裁判例を記録する『板倉政要』(一)（説話の中に、板倉重矩〈一六六八～一六七〇年在位〉の事跡に属するものを若干含む）はその中の一つである。裁判説話は中世以来文芸の中に散見されるが、裁判説話ばかりを一書にまとめた文芸としては、『板倉政要』は最初の書物とされる。(二)『板倉政要』を初めとする板倉殿の裁判説話から板倉殿の話を取り入れた江戸時代の作品は少なくない。

所謂「裁判もの」の嚆矢とされる『醒睡笑』は寛永五年（一六二八）三月板倉殿への献呈作品で、必ずしも事実ばかりとは限らないが、板倉殿の裁判が明記されている。(三)その中の巻の四「聞えた批判」に板倉勝重・重宗の裁判ぶりを記したものが巻四の五「板倉政談その一」以下十篇ある。また、元禄二年正月に出版された浮世草子『桜陰比事』

は『板倉政要』から影響を受けていることが滝田貞治氏・野間光辰氏・暉峻康隆氏などによって示された(四)が、その他にも以下のような指摘がある。

貞享三年(一六八六)刊『好色一代女』巻一の三「国主の艶妾」に板倉家にかかわる箇所が二つあり、板倉諸家がしばしば世継ぎに恵まれず苦労を重ねていたことを西鶴も耳にしていた可能性がある、とされる(五)。

また、元禄五年(一六九二)正月刊『世間胸算用』巻二「尤始末の異見」に「借屋の親仁に板倉殿の瓢箪公事の咄をさせ」というくだりがある。「板倉殿の瓢箪公事」は、板倉殿の名裁判として周知のものであるが、『板倉政要』巻六に記載する板倉殿の裁判物語によると指摘される(六)。

これら以外にも板倉殿の裁判物語を投影しているように思われる作品が存在する。即ち、本章において考察の対象とする近世前期の裁判小説『鎌倉比事』(七)と『本朝藤陰比事』(八)(以下『藤陰比事』と記す)である。

一、『鎌倉比事』と『藤陰比事』の成立

『鎌倉比事』と『藤陰比事』二作品の成立を見てみると、『鎌倉比事』は宝永五年(一七〇八)三月刊、全六巻各巻八章ずつ全四十八話からなる月尋堂の比事物であり、北条義時・泰時の公事裁きに仮託されている(九)。『藤陰比事』は宝永六年(一七〇九)刊で同じく四十八話を収めた裁判小説であり、同年刊の『日本桃陰比事』(以下『桃陰比事』と記す)の改題改竄本である(十)。なお、『藤陰比事』に新収されるが、『桃陰比事』には収載されない話の一つが、板倉殿の裁判の話と共通点を持っていることを考慮して(十一)、本章は『藤陰比事』を対象とし、『桃陰比事』に収載され『藤陰比

事』にない話、即ち、『桃陰比事』巻一の一「実正明白なる横ちゃくもの」、巻一の三「荷へば棒の折る駕籠舁」、巻三の四「女のしらぬ夫子のしらぬ父」、巻五の二「正真を見しらぬ似せ物」(十二)も考察の範囲に入れる。

『藤陰比事』と『鎌倉比事』の序文は次の通りになる。『藤陰比事』には序文がないが、本文の冒頭箇所が序文に相当する内容を持つ。なお、『藤陰比事』は『桃陰比事』の改竄本であるため、『桃陰比事』の序文も取り上げる。

棠陰。桜陰は。和漢の両比事にして。世の人知るところ。其言の葉茂れり。予がなせる全部六巻の書は。往昔の物語を集。これを狂言綺語になぞらへ。北条家のまつりごとをしるし。鎌倉比事。尓いふ。

（『鎌倉比事』）

棠陰比事有。桜陰比事有。此比、又、鎌倉比事有。棠陰は唐土事にして、和朝之者、心をみがく種とは成かたし。桜陰、鎌倉の両比事は、又、作意のみにて誠なし。今、此書は、昔賢君の世に在而、万民の鏡とならせ給ひ、くもらぬ御恵を、今の世に語り伝へて、悦をのへし、賤か物語を綴集而、七巻とし、唐土の書になそらへ、桃陰比事といふ事しかり。

（『桃陰比事』）

代々賢き政は筆の林にとゞまりて、今目の前の鑑となり、邪のくもりを払ふたねぞかし、国ゆたかに民安らかなる春をむかへ、蔽芾たる木陰をのこし、剪ことなかれ拝ことなかれと、正しきを慕ふ唐土の書の名に劣らじと、倭国の桜に事を比べしより、それに似たる巻〻を閲すれば、猶勝れたる事の漏たるを本意なく思ひ、古き翁の物語、松が枝の常磐にかゝる藤なみの宮、こき陰の品々を聞度ごとに、忘れもやせんとあやしき筆に書とめぬ。

(『藤陰比事』)

右の序文によると、『鎌倉比事』は『棠陰比事』・『桜陰比事』という裁判をテーマとする物語のブームに乗じて、昔の物語を集め、北条家の物語を交えて面白くしようという意図が窺える。一方、『桃陰比事』は、『棠陰比事』が「心をみかく種」としては日本では役に立たず、『桜陰比事』・『鎌倉比事』も「誠なし」という認識の下に著された作品である。即ち、『桃陰比事』の作者の意図は、教訓的で庶民的な作品(「賤か物語」)を世に出すことにあったと言えよう。

二、先行研究

『鎌倉比事』、『藤陰比事』(『桃陰比事』)と板倉殿の裁判物語の関係について、長谷川強氏は次の三点を指摘された。即ち、一、『鎌倉比事』一の三「博奕の御免」は『板倉政要』六「博奕公事之捌」によること。二、『鎌倉比事』六の一「譲状の代筆」は『板倉政要』六「閣養子テ妾女江譲状之事」によること。三、『鎌倉比事』六の二、棒の本の方に名を記すことによって、下人を娘の聟にする意と悟らせるのは、『板倉政要』六「瓢簞譲三子事」による、[十三]ということである。この三点を**表一**にまとめておく。

表一

『板倉政要』	『鎌倉比事』
一、巻六の七「博奕公事之捌」	巻一の三「博奕の御免」
二、巻六の一「閣養子テ妾女江譲状之事」	巻六の一「譲状の代筆」
三、巻六の八「瓢簞譲二三子一事」	巻六の二「方角指北の針」

また、栗林章氏が調査した『板倉政要』と『桃陰比事』の関係では、七点の類話が指摘されている[十四]（『昼夜用心記』の一話も含める）。それを**表二**にまとめておく（『桃陰比事』に対応する『藤陰比事』の章題も示しておく）。

なお、長谷川氏が指摘した『鎌倉比事』「博奕の御免」と『板倉政要』「博奕公事之捌」の類似関係につき、栗林氏は『桃陰比事』「負て勝勝て負博奕」（『藤陰比事』巻三の二「欲を離れし博奕の御免」）も『板倉政要』の同話に関係すると指摘したが、詳しくは後述する。

長谷川氏や栗林氏に検討された話の他に、『鎌倉比事』と『藤陰比事』では『板倉政要』の影響が見える話が更に指摘できる。即ち、『藤陰比事』巻七の三「女の不貞は世界の払ひ物」と『板倉政要』巻八「入聟出入之事」、『藤陰比事』巻一の四「非に似たる理を云立の浪人」と『板倉政要』巻六「京ノ商民巾着ヲ切ルヽ事」、『藤陰比事』巻五の一「大赦に漏る自業の訴訟」と『板倉政要』巻六「五器盗人之事」、『鎌倉比事』巻二の六「石に根次分別の重さ」と『板倉政要』巻八の十三「寝首掻士之事」である。**表三**で示す。この四組の話の詳細を次に考察してみる。

表二

『板倉政要』	『桃陰比事』	『藤陰比事』
一、巻六の二「壬生の地蔵門内ニテ被レ盗二木綿一事」	巻二の五「ぬす人になる地蔵迷惑」	巻二の五「詮議動かぬ石仏の番」
二、巻六の十二「宿賃公事之事」	巻一の六「手斧鋸かへつて鉈」	巻一の五「質物は當の違ふ右衛門」
三、巻六の六「六道銭之公事」	巻一の九「世はさまぐ〜の願ひ事」	巻一の八「冥途の勘略は小細工屋が願」
四、巻八の八「妻暇出入之事」	巻二の六「金子百両首縊り代」	巻二の六「百両の敷金は命引替」
五、巻八の十一「社人社僧出入之事」	巻二の七「神主いひかづきの烏帽子」	巻二の七「科は何ぞと白玉の神主」
六、巻六の七「博奕公事之捌」	巻三の二「負て勝勝て負博奕」	巻三の二「欲を離れし博奕の御免」
七、巻六の十五「雪舟の絵買候公事」 『**昼夜用心記**』巻二の二「妻子分別の種」	巻六の二「欲には闇き心のあき盲」	巻六の二「欲にまがふ程月がうつし絵」

表三

『板倉政要』	『藤陰比事』
① 巻八の七「入聟出入之事」	巻七の三「女の不貞は世界の拂ひ物」
② 巻六の四「京ノ商民巾着ヲ切ル丶事」	巻一の四「非に似たる理を云立の浪人」
③ 巻六の十一「五器盗人之事」	巻五の一「大赦に漏る自業の訴訟」
『板倉政要』	**『鎌倉比事』**
① 巻八の十三「寝首掻士之事」	巻二の六「石に根次分別の重さ」

三、類話の展開

先に取り上げた四篇の類話は表面的には板倉殿の名前に触れずに板倉裁判物語を投影しているという特徴があるが、構成はそれぞれ相違する。

三・一、テーマの共通性

『板倉政要』巻八「入聟出入之事」と『藤陰比事』巻七の三「女の不貞は世界の拂ひ物」はテーマに共通性が見られる。具体的には次の通りである。

『板倉政要』「入聟出入之事」では、婿養子が亡父の譲りの金銀を使い果たし諸道具まで売って、娘を離別し他所で別の妻を置く。板倉殿の裁きでは、婿養子は今の妻を離別し元の妻を一生妻とすべきこと、或いは諸道具の代金百両余りを返すこととされる。

『藤陰比事』では妻が養父母に孝を尽くす婿養子と別れようとするが、裁判官は持参金をもって家督を継いだからは、家屋敷は婿のものであるとし、婿は家屋敷を売り払い、妻を離縁する。

どちらも婿養子の離縁の話であるが、『板倉政要』では金銀を使い切って妻と離縁するという恩知らずの婿養子像が立てられるのに対し、『藤陰比事』では孝を尽くしながらも離縁されそうになる婿養子像となる。また『板倉政要』では婿養子が履行すべき義務、『藤陰比事』では婿養子が享受すべき権利が裁判官によって述べられることになる。テーマの共通性とともに、そのプロットの対照性に意図的なものを感じさせよう。更に『板倉政要』における裁判態度と相似する『藤陰比事』の話を検討してみる。

三・二、裁判官の態度の共通性

裁判官は、争いの真相を糾明し、犯罪者を処罰・処刑するのを本務とするが、『板倉政要』巻六「京ノ商民巾着ヲ切ル、事」と『藤陰比事』巻一の四「非に似たる理を云立の浪人」では、被害者が更に不利益を被ることとなる。両話の具体的な内容は以下の通りである。

『藤陰比事』では、金を拾った浪人惣太左衛門は拾った旨を張り紙で周囲に知らせておいたが、求めてきた落とし主には返さない。張り紙には返すことは書いていないという浪人の説明に対して、裁きの地頭は落とし主に次の話をした。

尤其方落したる金子にまがひなき事なれども、惣太左衛門隠密にいたしおけば、其方損にいたすべきより外なし、兎角これは拾ひ主しれぬむかしと存じあきらめて立ませい。(後略)

つまり、落とし主は損するしかないという裁き方になったが、これは『板倉政要』巻六「京ノ商民巾着ヲ切ル、事」の板倉殿の裁き方と共通している。その話では、巾着が切られて、中に入っていた大事な印判のことを心配する訴訟者に対して、板倉勝重はいろいろと尋問した後次の話をした。

左様ニ大事ノ印判ヲ念ヲ入ヘキコト也、不念故ニ右ノ通也、我等印判多年御用被二仰付一、此判ニテ諸事埒明来候大事ニ思ヘハ今日マテ切レ不レ申ゾ、是而已ニ限ラズ大事ノ物ヲハ随分念ヲ入ヨ。（後略）

即ち、大事な印判に十分に念を入れなかったことが原因であり、不都合な結果を招くことは仕方がないという態度である。あくまで自己責任であり、損失分を取り戻すことはできないという裁判官の態度は両話の共通点である。ただ、『板倉政要』では拾い主が現れる前に落とした巾着の捜査を願うのに対し、『藤陰比事』では拾い主の浪人を登場させ、更に張り紙で金を拾ったことを周知したにも関わらず、落とし主に返さないという設定を加えた。つまり、被害者に対するやや厳しい板倉殿の裁きの態度に基づきながら、拾い主の有無という点において対照的な新たなプロットを創作したことが窺えるのである。

三・三、プロットと表現の一部の一致

『板倉政要』巻六「五器盗人之事」と『藤陰比事』巻五の一「大赦に漏る自業の訴訟」はプロットと表現の一部が一致している。『藤陰比事』では、徒荷屋の久助の荷物を盗んだ髭六は久助に問い詰められるが、自分の犯行を認めない。裁判官に投獄された後、牢屋で前非を悔いるが、大赦に恵まれることはなかった。

この話の前半では、久助は茶屋で休んでいたときに一荷を髭六に盗まれ、逃げる髭六に追い付く。しかし、犯行を否認され、争いとなり、集まってきた人々に囲まれるが、そうした設定は、『板倉政要』「五器盗人之事」、『桜陰比事』「四つ五器重ての御意」における、荷物を盗んだ犯人が犯行を認めないという事件と一致する。更に犯人を捕まえた場所を以下に示すように、『藤陰比事』では「いなり」とし（a）、誰が真犯人であるかをめぐって争う時、互いに争い捻り合った場面（b）も設定する。

狼谷の茶屋にかたを休め罷在候うち、一荷ゆく衛なくとられ申候につき、みちすじ追かけ、ぎんみ仕候へば、いなりまへにて右の荷物を荷ひ行候ものをとらへ、奪ひかへし申べくと存候所、此盗人竹田髭六と申す強力の雲助にて、かへつて横道を申懸かへし申さず候を、ねぢあひたゝきあひ申すにより、近所の者共出合、右の段々を申ことはり町中へ預け置罷帰候間　（後略）

（『藤陰比事』）

この二カ所（aとb）の設定について、『桜陰比事』には類似する表現が見られないが、『板倉政要』には一致することが確認できる（AとB）。

彼ヲロシ置タル椀トモヲ其儘擔、稲荷ノ方へ走リ行、五器主、昼盗人ト声ヲ懸、追カケ東山イナリノ此方ニテ捕へケレハ、彼盗人敢テ騒カス、己ハ狼籍ヲ云者哉トテ互ニネヂアイケル程ニ、所ノ者立寄、打囲テ詮議ヲスルトイヘトモ（後略）。

（『板倉政要』）

『藤陰比事』「大赦に漏る自業の訴訟」の窃盗場面においての影響は『桜陰比事』「四つ五器重ての御意」よりも、むしろ『板倉政要』「五器盗人之事」からの可能性が高いと考えられよう。

三・四、呼応・対照関係

『鎌倉比事』と『板倉政要』の類話には、あるキーセンテンスを軸とするプロットの呼応、ある種の対照関係が認められる。

三・四・1、『板倉政要』巻八「寝首掻士之事」と『鎌倉比事』巻二「石に根次分別の重さ」

『板倉政要』「寝首掻士之事」では、武士の子供同士が口論して、二、三日後その中の十九歳の子が相手の十八歳の子を殺して逃げていった。殺された子の父親の訴えに対し、裁判官は逃げている子の父に子を尋ね出し、「若尋出サヾルニ於テハ一類トモ迷惑ニ可レ被二仰付一」（キーセンテンス）とした。探し出せないと一族が迷惑を受けることになるのを恐れた父親は、奉行所へ我が子を差し出した。裁判官はその父親のことを思いやって、子を成敗としてではなく切腹とさせた。

『鎌倉比事』「石に根次分別の重さ」では、同じ家中の息子たちが喧嘩をして一人がもう一人を切り殺した。切り殺された息子の親が訴えに行ったが、殺人をした子は裁判に呼び寄せられるまでに逃げてしまった。殺された子の親は仕方なく自ら敵である子を探し出して殺した。子の仇を親が討つことは掟では死罪に処されるはずだったが、裁判官は殺された子を思う親の気持ちを思いやってその命を助ける。

子供同士の殺人事件を扱っているが、『板倉政要』では子を思いながらも一族の命運を思う親の心を述べているのに対し、『鎌倉比事』では殺された我が子のために敵に復讐するという親の心を強調している。両篇は異なったプロットの設定であるが、子が殺された後で武士としての親はいかに行動を取るべきかをテーマとすることは共通している。

更に、『鎌倉比事』の始まりに、後の復讐のエピソードとは一見無関係に、泰時が危険に陥る兄弟を目前のことに頓着せずに助けに行ったことが前置きとして記され、「人の世にたてる事は。親類を思ふが故也」（キーセンテンスに対応）という泰時の言葉が取り上げられている。

この二つのエピソード、即ち〈c〉子を思って復讐までの行動を取った父親像と、〈d〉親類を思った泰時の姿との設定は、『板倉政要』における〈C〉子を思わないのではないが、子を差し出した父親像と〈D〉親類の命運を思う父親の姿に対応する。〈D・d〉を鍵として呼応させながらも、対照性を意識した発想ではないかと考えられる。

三・四・2、『板倉政要』巻六「瓢簞譲三子事」と『鎌倉比事』巻六「方角指北の針」

「『鎌倉比事』六の二、棒の両端に名を記したるを、木のもとの方にしるした下人を娘の聟にする意とさとるは、『板倉政要』六「瓢簞譲三子事」によるのであらう」[十五]と先に長谷川氏に指摘された（表一の三）が、両篇の関係について改めて論じてみたい。

『板倉政要』「瓢箪譲二三子一事」では裁判官は遺言を残さなかった親が三子に残した瓢箪で家の相続人を判断する。具体的には、嫡子と次男が持っている瓢箪は何かに寄りかからなければ立てないのに対し、末っ子のはそのままで立てることができ、それが父の指名した家督の印だと裁く。そして、「本家ハ重ク分家ハ軽クスベシ、是本末ヲ正ス所也」という裁判官の命令に従い、その家の財産が配分されるが、嫡子と次男は受け取った財産を案の定三年のうちに使い果たし、末っ子に家督相続の器量が備わっていたことが証されるのである。

『鎌倉比事』「方角指北の針」では、ある金持ちが二人の甥と下人の清十郎ではどちらを婿にして家督を継がせるかについて、世間を憚りながら気に入った男の名前を五寸ばかりの木に書き残して死ぬ。しかし、三人の男の名前がその木に書いてあり、最明寺殿（北条時頼）に尋ねたところ、その木が削られ、清十郎という名の書かれた端は木の本、他の二人の名の書かれた端は木の末だとわかった。裁判官は木の本に書いてある清十郎は指名された相続人だと推測し、その木を二つに割って中に入った書き置きを見ると、確かに裁判官の推理通り、相続者は清十郎と書いてあった。その後、二人の甥は「末は本に従う」という道理に従い下人となる。

二篇は遺言がなく何らかの形見を通じて家督を判断するという点で共通する。注目すべきは、『鎌倉比事』における「本末」をめぐる内容である。

木の本末の判断を通じて相続者を推定する設定は長谷川氏に指摘されたとおりに、『板倉政要』の「本末」から影響を受けていると言えようが、『鎌倉比事』では「又二人が名の書たる端は。木の末なれば。もとにしたがひて下人となるべし」というように、末に書いてある人を下人と決めるプロットが更に挿入されている。それは、『板倉政要』の「是本末ヲ正ス所也」の投影と見てよい。
『鎌倉比事』の二話は何れも、『板倉政要』における肝腎な文句（キーセンテンス）に呼応するようなプロットを構成させていることが窺えるが、この場合の「呼応」は元の物語を反転させるような働きも含む。次にその二組の類話の対照性について**表四**を参照しながら更に説明を加えてみたい。

表四

	『板倉政要』	ポイント	『鎌倉比事』	ポイント
①	巻八の十三「寝首掻士之事」	親は自分の子を差し出して切腹を受けた。	巻二の六「石に根次分別の重さ」	親は敵である子を捜し出して殺した。
②	巻六の八「瓢簞譲㆓三子㆒事」	末っ子を相続者にする。	巻六の二「方角指北の針」	甥でなく、下人を相続者にする。

①において、『板倉政要』では親は殺人をした自分の子を裁判へ連れて行って切腹を受けるのに対し、『鎌倉比事』では逆に殺された子の親が自ら敵を捜し出して殺す。②は、『板倉政要』では末っ子ながらも血族に家督を譲るが、『鎌倉比事』では一族の甥でなく、下人に家を相続させる遺言を残す。総括して見れば、二組とも『鎌倉比事』は

『板倉政要』の発想を逆転させて利用していることがわかる。これは『鎌倉比事』が『板倉政要』からヒントを得て話を創作する際の独特な方法の一つであると言えそうである。

四、『藤陰比事』と『鎌倉比事』の性格

以上の考察を通じて、『藤陰比事』と『鎌倉比事』の『板倉政要』からの影響のあり方、その特徴が明らかとなった。

『藤陰比事』では、テーマ、裁判官の態度、プロットや表現の一部が『板倉政要』と一致することが窺え、この三つの特徴は先行研究で挙げた類話からも知られる。例えば、『藤陰比事』巻二の七「科は何ぞと白玉の神主」と『板倉政要』巻八「社人社僧出入之事」は構成は異なるが、神仏習合の時代における神主と社僧の対立をテーマとし、『藤陰比事』巻六の二「欲にまがふ程月がうつし絵」(『桃陰比事』巻六の二「欲には闇き心のあき盲」)と『板倉政要』巻六「似セ絵之事」は雪舟の絵の偽物を購買した者の訴えに対し、両篇の裁判官はそれを買う側の欲心の責任だと示す。更に、『藤陰比事』同話は『板倉政要』「似セ絵之事」と『昼夜用心記』巻二の二「妻子分別の種」をうまく折衷説話化したともされている(十六)。また『藤陰比事』巻二の五「詮議動かぬ石仏の番」と『板倉政要』巻六「壬生ノ地蔵門内ニテ被盗木綿事」では木綿の盗難事件で地蔵が犯人とされるプロットが一致している。

この三つの特徴以外に、『藤陰比事』は『板倉政要』と全体的な粗筋がほぼ同じような話も見られる。『藤陰比事』

巻一の五「質物は当の違ふ」と『板倉政要』巻六「家賃公事之事」は共に家主が家賃を滞納する借家の売買道具を押さえた話であり、『藤陰比事』巻一の八「冥途の勘略は小細工屋が願」と『板倉政要』巻六「六道銭之事」では、葬送の棺に金を入れるのを浪費として、六道銭の偽銭の販売を申請する粗筋が共通している。

つまり、『藤陰比事』は『板倉政要』から影響を受ける際、テーマ・裁判官の態度・プロットや表現の一部・全体のストーリーという四つの模倣パターンで『板倉政要』の話を直接的に利用していることがわかる。

一方、『鎌倉比事』は『藤陰比事』ほど『板倉政要』の内容を素直に借用することはない。先に見た『鎌倉比事』の二例が示したとおりに、『板倉政要』の発想を逆転させ、正反対のケースに導く内容が創作されている。即ち、『板倉政要』のストーリー、特にハイライトにおけるキーセンテンスに着目してやや迂回する複雑なプロットが生み出されているのである。

このような『藤陰比事』と『鎌倉比事』の相違する模倣特徴は両作品の性格自体をも特徴づけていると言ってよい。『鎌倉比事』には、泰時などを裁判官に託し、『北条九代記』の記載を六話利用し[十七]、『棠陰比事』・『板倉政要』・『桜陰比事』三作品を踏まえて名裁判を描写している。しかし、『北条九代記』や『板倉政要』などから集めた様々な話をいかに面白く調和させるかということに『鎌倉比事』の眼目があったと言えよう。裁判官が仁政を施すことを描写し、即ち、政道小説の傾向を示し、その上、「逆転」という手法によって、趣向を変え、流れを曲折化することは一つのパターンとしてあり、読者に新鮮味を与える工夫がなされている。

一方、『藤陰比事』では話を訴訟状の形式（恐ながら言上仕候、……御慈悲に御詮議被レ成下され候はゞ、ありがたく可レ奉レ存候以上。地頭聞しめし届けられ……）で展開し、裁判官を特定せずに一般的名称の「地頭」に裁かせる。即ち、『藤陰比事』は裁判の実際に即したような体裁において、訴訟状というリアリティーが溢れる形で物語を展開させている。

こうした両作品の性格について、博奕に対する政策が一致している『鎌倉比事』巻一の三「博奕の御免」、『藤陰比事』巻三の二「欲を離れし博奕の御免」、『板倉政要』巻六「博奕公事之捌」を例として考察してみる。

『鎌倉比事』「博奕の御免」では、博奕に負けた男がどうしようもなくなり、血の付いた着物を川で洗ったふりをして、狂言の人殺しの罪を期待通りに受ける。牢屋で一年を過ごした男は、また裁判官泰時の訊問を受け、博奕の禁止を直接言上する機会を得るために人殺しを偽ったという真相を打ち明ける。そのことによって男は博奕の目明かしに命じられ、博奕を打つ者を死罪にするというお触れも出されるが、博奕を取り締まることは出来なかった。そこで、新たな博奕政策が打ち出され、今後博奕することを許すが、勝つ側は金銀を相違なく返さなければならないとし、返さない場合は、親類どもを死罪に処するということになる。その結果、博奕をやる価値はなくなり次第に行われなくなる。

『藤陰比事』「欲を離れし博奕の御免」では、主人からいただいた大切な金を博奕で失った使用人は、すぐには訴え出ず、勝った側に主人や母親のためにその金を借りたいと頼むが叶わず、裁判へ訴える。これを機に、博奕で勝った側はその金を全て返さなければならないという命令が出され、勝っても面白くなく思う者たちは博奕をやめる。

『板倉政要』「博奕公事之捌」は、博奕で銀子二、三貫負けた商売人が裁判へ訴えて、負けた金を返してもらえるよう頼む。裁判官はこの事件を機に、博奕に関して新しい規制を打ち出し、博奕で勝った側は百日間牢屋の罰を受ける上、勝った金も一切負けた側に返さなければならないとする。その結果、博奕を無益のことだと感じる者たちは自らやめていく。

三篇は博奕を停止させるために、勝った側に金を全部返させるという新しい博奕規制を打ち出す内容で一致している。しかし、『鎌倉比事』と『藤陰比事』では、博奕に負けた人物はすぐには訴えに行かず、それぞれ別の経緯を設定する。『藤陰比事』では負けた人物は使用人とされ、負けた金を再び借りたいという内容が付け加わる。

右持参の銀子残らず負申候に付、主人方へも歸り申されず、先様へまいりても申しわけも御座なく、自害をも可レ仕と奉レ存候得共、七十五歳になり候母一人御座候て、私奉公の年季のあき候を待うけ、ゆる〳〵寺まいりをもいたし可レ申と、つね〴〵たのしみ存居申候處に、私只今不慮に相果候はゞ嘸なげき可レ申所かなしく奉レ存、おしからぬ命ながらへたく存候に付、右の銀子勝たる者に、手形仕り借用いたし、主人の手前を首尾つくろひ申たく、かしくれ候やうに申候へ共、承引不レ仕候。

低い身分の使用人の不運、主人に対する申し訳ない思い、親に対する孝心を訴状の形で直接訴えかけ、読者に追体験を迫る。

『鎌倉比事』では、その前半において男は博奕に負けたあげくに、殺人を狂言し結局は泰時に見破られることになるが、この内容は『北条九代記』に記された「武蔵守泰時監察付博奕禁止」事件の移入転用であった。(十八) 後半の博奕を取り締まる話へと移り変わるために、泰時に見破られたことを強引に組み入れたことが窺えるのであるが、言い換えれば、『鎌倉比事』「博奕の御免」は『北条九代記』から北条氏を謳歌する記載を、『板倉政要』からは博奕で勝った側が金を返すという要素を借り受けて一篇の趣向を構成しているのである。『鎌倉比事』の他の話の構造もこの例と相似し、北条氏の話を前置きにして、次に何かの事件をうまく差し入れ、その発生や解決などの基本的な流れを表すというパターンになる。こうした構成は裁判小説よりも広い意味での御政道小説とも言うべき性格を有することになろう。訴状形式で裁判小説に留まろうとする『藤陰比事』との違いがそこには見られるのである。

結　び　に

『鎌倉比事』と『藤陰比事』（『桃陰比事』）における『板倉政要』の影響を具体的に検討してきた。『鎌倉比事』と『藤陰比事』（『桃陰比事』）では表立って「板倉」という名は触れられないが、実際には京都所司代板倉父子の裁判物語を参照したことが確認でき、その取り入れ方も明らかになった。『藤陰比事』では素直に『板倉政要』の要素を一部又は全部借用するのに対し、『鎌倉比事』では板倉裁判におけるキーセンテンスに着目し、その趣を逆転させる。これらの手法は、『藤陰比事』が裁判小説として、シンプルな形で庶民教訓に達する効果が見込まれるのに対し、『鎌倉比事』が裁判小説の枠を超え、曲折化に富むプロットで読者を楽しませようとする性格につながっている。この両作品は『板倉政要』との関連性において、『棠陰比事』ブームに乗じて著されたとされる裁判系統の物語の具体的なあり方、性格の違いなどが窺えるのである。

注

(一) 第二章で紹介されたとおりに、裁判説話集として、十七世紀に成立したと見られ、その題名が示すとおり、十七世紀前半の京都市政を司った京都所司代板倉伊賀守勝重、板倉周防守重宗、板倉内膳正重矩の裁きを集めたものである。『板倉政要』の流布本の数は多いが、本章では、熊倉功夫氏「史料翻刻『板倉政要』第六巻～第十巻　裁判説話の部」(京都大学所蔵十巻本を底本とする。巻一より巻三に至る法令集、巻四および巻五の京都町数人別調と若干の触、法令、巻六より巻十に至る裁判説話よりなっている。『歴史人類』、筑波大学歴史人類学系、第15号、昭和六十二年三月)の翻刻を使用する。

(二) 熊倉功夫氏「第三部　寛永文化の変容」第一章『板倉政要』と板倉京都所司代　其一『板倉政要』の基準型(『寛永文化の研究』、吉川弘文館、昭和六十三年)。

(三) 鈴木棠三氏「著者安楽庵策伝(一五五四～一六四二年)」(『醒睡笑』、岩波書店、平成二十一年)。

(四) 滝田貞治氏「『本朝桜陰比事』説話系統の研究」(『西鶴襍稾』、野田書店、昭和十六年)、野間光辰氏「本朝桜陰比事考証」(『西鶴新新攷』、岩波書店、昭和五十六年)、暉峻康隆氏「鑑賞のしおり」(『現代語訳西鶴全集　第八巻』、小学館、昭和五十一年)に指摘がある。

(五) 板倉家にかかわる二箇所――一、室町の呉服所笹屋。それは室町通に実在した呉服屋、伊達家や板倉家などの大名御用達の大呉服店である。二、浅草の下屋敷。当時板倉家も浅草に屋敷を持っている(「お殿様の閨の秘密」『好色一代女』巻一の三「国主の艶妾」〈『西鶴が語る江戸のダークサイド――暗黒奇談集』、西鶴研究会、ぺりかん社、平成二十三年〉の注による)。

(六) 『世間胸算用』(新編日本古典文学全集『井原西鶴③』、小学館、平成八年)。

(七) 「月尋堂『鎌倉比事』翻刻(巻一～巻三)(巻四～巻六)」(川口師孝氏、『文学研究』第89・90巻、日本文学研究会、平成

十三年四月・平成十四年四月）における翻刻（京都大学文学部図書室蔵『寛永板　鎌倉比事　六冊』が底本とされる）を使用する。

（八）『近世文藝叢書　第五　小説三』（国書刊行会編輯、第一書房、昭和五十一年発行復刻）における「本朝藤陰比事」を使用する。

（九）『日本古典文学大事典』「鎌倉比事」の項、小西淑子氏執筆、明治書院、平成十年。

（十）同右前掲書。「本朝藤陰比事」の項、江本裕氏執筆。

（十一）板倉殿の裁判物語との類似性を論じる時、『桃陰比事』には収録されない『藤陰比事』巻一の一「失ひたる金子再手に入大工」と『醒睡笑』巻四の十「板倉政談その六」との関係が問題となる。両者は猫を種に相手を確認する点が共通する。

（十二）『藤陰比事』と『桃陰比事』の異同については野間光辰氏「近世小説覚え書」（『近世作家伝攷』、中央公論社、昭和六十年）参照。

（十三）長谷川強氏「第三節　宝永の浮世草子」（『浮世草子の研究』、桜楓社、昭和四十四年）。

（十四）栗林章氏「日本桃陰比事考」（『浮世草子研究資料叢書』第五巻研究編1、クレス出版、平成二十年十一月）。

（十五）注（十三）と同じ。

（十六）注（十四）と同じ。

（十七）江本裕氏「月尋堂の浮世草子」（『近世文学論叢』、早稲田大学俳諧研究会編、桜楓社、昭和四十五年）。

（十八）注（十四）前掲書所収。栗林章氏の考察は次の通りである。「鎌倉時代に於ける博奕に関する禁令は数度に亙って行われているが、これは、貞永二年八月十八日の早朝、武蔵守泰時が榎島明神に参詣した時に、前浜に死人あり、犯人を探索中のところ、岩平左衛門尉が、名越辺で血の付きたる直垂の袖を洗う男を捕え詮議の結果、五、六人の博奕の徒が、勝負争いの果の出来ごととして、「北条九代記」にかかれている」。

第五章　『昼夜用心記』における因果について

はじめに

『昼夜用心記』は宝永四年に団水が著した浮世草子である。主に詐欺・窃盗の話が収録されているが、裁判官の裁決に及んでいるのは三十六話中、六話のみである。『桜陰比事』（西鶴・元禄二年刊）をはじめとする江戸期の裁判説話、所謂「比事物」が、裁判官を讃えるという側面から離れたのである。長谷川強氏は『昼夜用心記』は裁決がない「比事物」であると述べたが（一）、水谷不倒氏は、詐欺・騙り等を類聚した所に『昼夜用心記』の価値があると評価した。（二）この点について、その序文は次の通りに記されてある。（三）

此昼夜用心記《ちうやようしんき》全部六冊は、鳳城《ほうじやう》団粋居士《すいこし》酔中《すいちう》の戯《たはふ》れに書捨《かきすて》られしを、撮萃《とりあつ》めて一帙《ちつ》と成せり大概《むね》世間《せけん》に謀計子《かたり》といふ者偽《いつわり》をたくみ弁舌《へんせつ》をもって人を誑《たぶ》らかし、金銀を掠《かす》め奪《うば》ひし方便古今《てだてここん》の間話《あいたかた》り伝《つた》へしを三十六種《しゆ》に書つらねたり這裏虚《このうちきよ》あり実《しつ》あるへし只民家《たゝみんか》用心の為《ため》に記《き》して、真偽覚悟《しんぎかくご》の種《たね》に編《あめ》る者也

（湖西繁平序）

詐欺談の収集が『昼夜用心記』の見所であることがわかるが、詐欺事件を裁決する場面がなければ、真相は事件の展開上で明らかにされなければならない。真相解明について、その記述形式となっている「因果」に着目することで、『昼夜用心記』における如上の特色について検討したい。

一、形式における説得的な因果

「比事物」では、揉め事や犯罪の真相を解くパターンが二種類ある。一つは事件が発生した後、裁判官が訴訟を聞き、その知恵によって読者の知らない真相を解くというものであり、もう一つは、読者には知られているものの、物語における登場人物達には真相がわからない状況の下で、裁判官が登場して判断するというものである。

日本の「比事物」の源と見られる中国南宋の『棠陰比事』は、裁判に携わる役人の参考のために、法律論の立場で編集されており、(四)裁判官の真相解明を記録することが重視されている。朝鮮から日本に伝来後、注釈、また物語化がされるが、裁判官が真相を解明する部分は省略されることはなかった。

『桜陰比事』は『棠陰比事』の影響を受けていると言いながらも、治世用の法律書ではなく娯楽書になっている。しかし、紛争や犯罪が発生した後、裁判官が登場してその知恵を絞り、犯人を裁くというパターンは依然として受け継がれているのである。作品では近世の世相を詳細に描写すると共に、裁判官を讃美する作品としての性格は保持されていると言えようが、四十四話中の十六話では、事件の真相が、裁判官の登場までに、既に事態の推移の中で言及されているのである。その十六話は次の通りになる。

①巻一の五「人の名をよぶ妙薬」、②巻三の三「井戸は則末期の水」、③巻三の五「念仏売てかねの声」、④巻三の六「待ば算用もあいよる中」、⑤巻四の一「利発女の口まね」、⑥巻四の二「善悪二つの取物」、⑦巻四の三「見て気遣は夢の契」、⑧巻四の五「何も京の妾四人」、⑨巻四の六「参詣は枯木に花の都人」、⑩巻四の八「仕もせぬ事を隠しそこなひ」、⑪巻五の一「桜に被る御所染め」、⑫巻五の二「四つ五器重ての御意」、⑬巻五の五「あぶなき物は筆の命毛」、⑭巻五の六「小指は高ぐゝりの覚」、⑮巻五の七「煙に移り気の人」、⑯巻五の八「名は聞えて見ぬ人の皃」

『昼夜用心記』では三十六話中の三十話は裁判官が登場しない詐欺談になっており、悪玉やその詐欺が話の流れに沿って紹介される。『桜陰比事』の右の十六話と物語の設定は共通するが、『桜陰比事』では紛争が如何に発展していくかについて詳細に面白く描写されているのに対し、『昼夜用心記』では、詐欺に関わる人物や物事の由来がきちんと描写される傾向にある。『桜陰比事』と『昼夜用心記』の類話を比較しながらこれらの相違について分析してみる。

一・一、『桜陰比事』巻五の八「名は聞こえて見ぬ人の皃」と『昼夜用心記』巻一の一「世の中の婆々といふ婆」

『桜陰比事』(五)は大体紛争や犯罪の訴訟を裁判官が受理して、真相を判明して裁決するという内容であるが、最後の巻の一話「名は聞こえて見ぬ人の皃」では、裁判官は事件を不受理とした。その中では、金を騙し取ることを企てる仲間が、金持ちから貧乏暮らしに転落した美男を拾い、裏の貸し屋に住まわせ、家名もその名も京の歴々の家柄の名をつけ、彼をその大金持ちの息子に仕立て、大勢の太鼓持・供の者や分別ありげな禿頭の手代までもつける。陰間茶屋の亭主に接近して大尽ぶって相手に旨みを覚えさせることによって、その周囲を誘い込み、七分半にも及ぶ高利を貪る人に仕立てた大尽の自筆の手形印判で金を貸してもらう。結局その一群は金を騙し取って逃げていった。金貸しと仲介がその美男を捜し出し詰問する。美男は犯行を認めるが、仲間の行方は知らなかった。つまり、如何に詐欺を働くかという手管に重きが置かれた描写となっているが、『昼夜用心記』巻一の一「世の中の婆々といふ婆」はこの一話と共通するところがある。

『昼夜用心記』「世の中の婆々といふ婆」では、悪事を企てる一群が美貌な道ばたの乞食婆を肉親の母と偽り、河原町辺の仮座敷へ連れて行って、きれいに着せ換え、腰元をつけておいて、ある時かごに乗せ、六、七人で呉服屋へ行って、支払いをせず巻物を持って帰ろうとし、言い訳のために母（乞食婆）を担保に残した。結局一味は戻っては来ず、その母は事情について聞かれても何も知らないという。

両話とも騙りの連中が人を騙すという内容で、相手の信用を得るために金持ちのように振る舞い、更にその信用度をあげるために、生まれつきの美麗な者（男・婆）を家族の一員のように着飾るという手法が用いられており、詐欺に利用された両者は騙し取った利益をも受け取らず、その一群の行方も知らないという展開になる。しかし、「名は聞こえて見ぬ人の皃」では、その落ちぶれた男が悪連中の一員になる経緯については、簡単にしか言及されていないのに対し、「世の中の婆々といふ婆」では、道ばたの乞食婆は如何に騙りの一群に拾われたかについて詳しく描写される。

むかし、都町に、人の異見をも聞ず、親のゆづりし財宝残らず売払い、昼夜の浮世ぐるひに身をやつし、後にはわけもなく、悪事をたくむ中間にまじはりぬ。

（『桜陰比事』「名は聞えて見ぬ人の皃」）

主人は乗かけ馬の曲彔より。急に飛おり。此しよがいな婆々が傍に跪き。早卅年あまりおめにかゝらねども。常に忘るる事なければ。幼稚にてわかれしお皃ばせ。たしかに見覚えたり。私は八三郎で御ざるといへば。婆々あきれたる皃にて返事もせず。さだめて御忘れもあるべし。私懐胎の中。屋敷を御出。家来の者の方にて平産あれども。幸い男ゆへ側にて撫育られ。家督継身とはなれ共。継母のつらき時は。乳をくれし女中には。まことの御袋さまは外戚腹ゆへ。産屋にて御わかれ。今は外に奉公の身也よそながら見せ申べし。かならず沙汰いたすなと申を。幼ごゝろに大事におもひながら。神田明神の祭の時。只一度お皃を見まいらせ。それより一日片時も忘るゝ事なし。此たび高家方へ使者に罷上るにも。似たる老女あるにもなつかしく存る所に。かやうにお歳よられ。あさましき御姿かなしく。御めにかゝればうれしき涙。人めわかねば往来の人立とまり。不審をなしけるこゝは途中の義なりと。まず辻駕籠かりて乗せ。河原町辺のかり座敷へ同道し。行水させ。晒の帷子一かさね。浅黄ちりめんの細帯。花ずかしの奈良団。早速やとひこしもと壱人つけ置。親子のうやまひ浅からねば。さらにもとの乞食婆々にはあらず。とかく人は化物なりけり。此婆々元来京の舞子にて。十四五より大名へ半季一年づゝつとめ……両親は死ぬる兄弟は他人のはじまり。行年の矢はやく。腰に弓をはり。少々こちらから給銀持参しても。老女かゝゆる人なく。小町がなれのはて。道路の草の露の。命をしよがいなぶしにつなぎぬる所に。何かはしらず。母親とうやまひ。襟垢のついたる薦を。さっはりと。帷子にきせかへられければ。それなりけりにむかしの事。よい加減にいひ合せ。見すく覚えなき事なれども。一日なりともひだるい目せぬを徳分に。たしかにお袋さま皃なり。

(『昼夜用心記』「世の中の婆々といふ婆」)

悪連中に加入する経緯について、「名は聞えて見ぬ人の皃」では、「わけもなく、悪事をたくむ中間にまじはりぬ」と一言で紹介されることに対し、「世の中の婆々といふ婆」では、悪玉が乞食婆を肉親の母と偽るための工夫を描写し、更に乞食婆の「一日なりともひだるい目せぬを徳分に」という加入の心理を取り上げるのである。つまり、『昼夜用心記』では、乞食婆が連中入りという結果になることを、読者に納得させるように、悪巧みを企画する悪玉が乞食婆を如何に肉親の母に偽らせられるかという経緯を説明的に著している。『桜陰比事』の男が贅沢や色狂いを尽くした挙げ句当然の流れとして悪連中に加わったこととは異なり、乞食婆はもとは舞子であったとは言え、そうした放蕩を行ったわけではない。即ち、悪事に加わる積極的な理由が見当たらないため、悪連中に入る経緯を読者に説明する必要が生じることとなる。特定の結果につながる特定の原因・事態推移をしっかりと示すという因果関係の説明は、事件の経緯をわかりやすくさせるためには有効な方法であろう。

一・二　『桜陰比事』巻二の八「死人は目前の釼の山」と『昼夜用心記』巻二の五「駿河に沙汰ある娘」

『桜陰比事』巻二の八「死人は目前の釼の山」では、家が栄えている男は欲心より金を貸した人に無理を言いかけ、相手に切り倒された。四十九日に当たる日にある坊主が来て、男の霊魂と出会い、「死んだ男の脇差しを預かって、全財産を施してほしいと頼まれた」という嘘を男の家族に言って金銀を騙し取ろうとする。母子は金銀を渡すことを決めたが、町内の人が不思議に思い、裁判に訴えた。その男の家の下女が、死んだ男の脇指しを盗んで坊主に渡し、その家族を騙そうとしていた真相が裁判によって判明する。

また、『昼夜用心記』巻二の五「駿河に沙汰ある娘」は、竹細工で有名な笹右衛門が十八歳になる美人の娘の縁談について話を聞いていたところ、娘が急に吐血して死ぬ。すると、ある美男が、娘の埋葬される西空寺に行き、恋人であるという狂言をする。娘の四十九日に当たる日に、坊主恵学が、笹右衛門の家に来て、箱根峠で娘の霊魂と出会い、「親に法華経を六十六部施してもらいたいと頼まれた」という嘘を言い、金銀を騙し取ろうとする。父親がその話を信じないので、恵学は、霊魂から預かった物として、若衆を使って娘の墓から盗んでおいた守り物を差し出したところ、父親は信じて、法華経と金銀を施した。

両篇の坊主が死者の家に行った時間は、同じく死後の四十九日で、その家族に対して行った騙し方は、埋蔵された守り物を霊魂から託かったと嘘を言い、財産を寄進させようとすることでも共通する。しかし、託かった物の由来について、両話の扱い方が相違している。『桜陰比事』では、裁判官が下女を詰問し、真相を暴く。

時に此女をめされ、「おのれ、此脇ざしは、早桶に入しを、人の気のつかざる時盗隠し、其後あの坊主となれあい、妻子がなげくをよくしりて、かくはたくみて、金銀大分取べき心根、主人に悪名をあたへる曲者」と御僉議あそばすに、すこしもたがはす。

（『桜陰比事』「死人は目前の釵の山」）

右の盗み方についての簡単な言及（傍線部）に対して、『昼夜用心記』では、如何にして守り物を入手したかについて工夫を凝らしたプロットが設定されている。

四十九日に近き比。十六七の美男きたり。かの娘の位牌をたづねけるに。さだめて所縁の人なるべしと。戒名の花月妙林を教へければ。香炉に火をあらため。香奠金子百疋追善の哥やさしく備へて。伽羅折焼。いと殊勝に珠数つまぐり。其落涙悲歎のありさま。いふはかりなく。うちふし沉み。ついに位牌の前に啼きころびて。終に起あがらず。さては親しき中にこそあるらめ。あまりにいたはしければ。子細をも問。教化をもして。なぐさめばやとて。いかなる方ぞととへば。私事はもとより縁類にはあらず。はづかしながら。かりそめに文を媒に。二とせばかり人しれぬ契をむすび。今はの時まで。毎日の伝たゆる事なく。され共奉公の身ゆへ。こゝろにまかせぬ。世をうらみ人をかこち。かひなき行末をたのみ越たるに。先だゝせしうへは。生て詮なく存じ。今日は墓もふで仕り。永き当来の一蓮托生の契をと。思ひさだめぬれば。御念仏を頼み奉るとて。さし添ぬいて既に自害と見ゆるを。漸に取とめ。おもひもよらぬ騒動。和尚に此通披露すれば。浅ましき世のならひとして。迷ひの種をまねき。輪回の業を作る。是四顚倒とて。不浄なる物を奇麗におもふより。執心ふかく。男女の婬楽はたがひに臭骸をいだくとは。東坡居士が詞なり。しかれども若き者それほどの歎きのうへは。もし麁相させては当寺の越度たるべし。仏菩薩の方便も爰也。ひそかにかの墓をほりかへし。かはりしおもかげをも見せたらば。見し花の形には。蠢々と蠕湧かへり。臭気甚敷につけては。愛想たちまち尽。おもひきるは決定なり。人のしるべき事にあらず。中門を戸ざし。作助に堀（ママ）出させ。かの少人に見せければ。まことに花のすがた。見しにもあらぬ髪形肪脹乱壊をもいとはず。懐つき血の涙ながしてうちふすを。漸引はなし。さま〴〵なぐさめて帰しける。

（『昼夜用心記』「駿河に沙汰ある娘」）

「駿河に沙汰ある娘」の物語の全体を示すと、

①、悪坊主が手配して墓から守り物を盗む。
②、死んだ娘の家に行って霊魂の話を伝える。
③、証拠として守り物を見せる。

となろう。分量からいうと①に当たる寺で演じられた恋人の狂言は物語の三分の二を占めている。後半に親に確かな証拠を見せるために、先に証拠である守り物を入手することを細かく描写して準備しておいたのである。裁判官が登場するまでもなく、事件の真相は容易に納得されるのである。事件の因果関係が時系列的に語られており、プロットとしての種明かし的な驚きは少ない。

前述した巻一の一「世の中の婆々といふ婆」と合わせて見れば、両篇とも結果に導く前段階、つまりその原因を詳細に描写して読者の納得を求めている傾向が窺える。時系列に沿った素直な事態の推移、つまり「因」から「果」へと言うパターンに従い物語を展開している。

こうした展開は、西鶴が省略した推移を補い、因果関係を補強することにより説得性を強化するという手法にも繋がる。先に見たように『桜陰比事』「名は聞えて見ぬ人の皃」において、放蕩男の悪連中入りの理由は一文で済まされるが、『昼夜用心記』「世の中の婆々といふ婆」では、乞食婆の加入は、その心理描写も含め詳しく経緯が記される。この加入動機の詳細な描写は『桜陰比事』における「わけもなく」との簡単な一文の理由に呼応してそのプロットの空白部を補ったかのようである。更に、『桜陰比事』「死人は目前の釼の山」では、下女が人に見られずに脇指しを盗んだことを裁判官が指摘した一文があるが、『昼夜用心記』「駿河に沙汰ある娘」では、その守り物が如何に寺の墓から盗まれたかについての描写が詳しくされ、『桜陰比事』のその一文を具体的に拡充していることが窺えよう。

つまり、団水は西鶴の『桜陰比事』からある種の空白部・飛躍を発見し、『昼夜用心記』では事態の自然な叙述推移という形式において、因果関係の明示を試みたのではなかろうか。

二、主題における教訓的な因果

西鶴作品では、現実の不幸や苦悶が前世の悪業の結果によるものであると解釈され、「如何なる因果」や「大方ならぬ因果」などの表現を以て示されることがある。(六)

『桜陰比事』におけるこのような用例は次の通りである。

①、巻一の八「形見の作り小袖」、〈世の外聞おもわれ、随分つゝみ候へども、かくあらはるゝは、大かたならぬ因果と存候。いかにも、あの若年者と密通仕候〉。

②、巻二の一「十夜の半弓」、〈夜前は宵に宿を立出、因幡やくしのほとりへ念仏講にまいられしが、是はいかなる因果ぞ〉。

③、巻三の一「悪事見へすく揃へ帷子」、〈ともし火消て、戸には外より錠をおろし、折ふし夏の夜の呉竹まどより飛入蚊の声、身をさゝるゝくるしみ、払ふべき団もなく、かなしげなる声として、〈是はいかなる因果ぞ〉と泣も有、題目となへ、観音経よむも有〉。

④、巻四の一「利発女の口まね」、〈つれあい病死の以後は、ふつ〳〵と浮世の事ども思ひ切申候に、此たびの義に、是非もなき身の難を申あげ候は、大かたならぬ因果と、ぞんじたてまつり候〉。

即ち、報いは不可知的・抽象的な因果の力によって規定されるのである。それに対して、団水は、『昼夜用心記』では、「因」を特定的・現象的なものにすることを試みていると言えよう。その「因」とされる具体的な内容は、以下の通りに読み取れる。

A、仏事に関心がないことによって罰を与えられた話

①、「駿河に沙汰ある娘」（巻二の五）

因：親が欲深く、仏事に関心無く、仏説をあざ笑った。

果：娘にも死なれ、更に、法華経を六十六部納め、御経代を出した。

②、「世界は一夜の乗合舟」（巻三の五）

因：老後のんびりすることができた時にも「一日寺まゐりもせず」。

果：騙りの飛脚に身内の話をして、息子の金を騙し取られた。

B、単純な欲張りによる話

①「仕出し菓子屋」（巻一の五）

因：菓子屋の夫婦は七百両を隠居料として千両に増えるように願った。

果：夫婦の七百両が全部悪金にすり替えられた。

②「妻子は分別の種」（巻二の二）

因：実際は三百両の値打ちがある金の香炉と見抜きながら、百両で買いたがった。
果：真鍮で作られた偽物の香炉を買ってしまった。
③「始の私語後悔千万」（巻二の四）
因：偽金の誂えを頼んだ。
果：偽金が入手できないどころか、その誂え代銀五十両も戻らなかった。
④「京に隠れなき結ぶの神」（巻三の一）
因ａ：医者は、敷銀百枚を持参する嫁を欲しがった。
果ａ：医者が結婚した女は、着の身着のままで嫁いできた。
因ｂ：女は、道場か医者、気楽な方へ嫁ぎたがった。
果ｂ：女が嫁いだ医者は、家までも借家だった。
⑤「万年の亀井屋」（巻四の五）
因：亀井屋は金百両もする刀の話を聞いて、浪人の刀を十両から六十両までの値段で買った。
果：その刀は実は五匁か三匁ほどの価値だった。
⑥「利易の借金屋」（巻五の一）
因：六七という安い利で銀を貸す話を聞いた両替屋や呉服所は、借り手になった。
果：銀を貸してくれないどころか、七の利銀三ヶ月分の銀が騙し取られた。
⑦「一盃喰うたる伊丹諸白」（巻五の四）

因：藤次は、千両の名剣だと言われた脇指しを、その持ち主から金子百両で買い取った。
果：その脇指しは鳥目百文にもならない物だった。

C、油断による話

①「女護島とは爰」（巻二の六）
因：留守番をする妻の油断
果：妻が、自分の家にあるはずの夜着を、裏を表へ返して畳まれ、縄で十字をかけられていたために、見出せず、すりに持ち帰らせてしまった。

②「御祈禱申せば大吉院」（巻三の四）
因：祈禱者の油断
果：祈禱者は騙りの話を信じ、銀二枚を受け取って、八之丞を留め、彼を狂い人として扱った。その間に騙りが八之丞が持っていた極上の朝鮮人参を持って行った。祈禱者は人参代を支払うことになった。

③「一歩五十の隠れ里」（巻三の六）
因：手代の油断
果：手代は初めて出会った旅人と宿に泊まり、その旅人に金を盗まれた。

④「あたり狂言の人崩れ」（巻四の二）
因：美人に対する油断

果：劇場で群集が押し合う中、美人に巾着を盗まれた。

⑤「割付銀は長老迷惑」（巻四の四）

因ａ：寺の人々の油断

果ａ：白蓮寺の人々は、古木屋が騙し取られた大門の落札銀の半分を支払った。

因ｂ：古木屋の油断

果ｂ：古木屋はその落札銀の半分の損を受けた。

⑥「思ひの外の御能筆」（巻五の二）

因：両替屋の油断

果：小判の包みがすり替えられた。

⑦「軒を並ぶる綾錦」（巻六の三）

因：絹屋の目付の油断

果：盗むふりをした者の懐に入っている絹物を自分の店の物だと思い違えて、五両渡して、騒ぎをおさめた。

⑧「人は玄関つきの世や」（巻六の六）

因：絹屋の油断

果：奉行の使者だと名乗った騙りに絹物を騙し取られた。

D、その他に具体的な因が設定された物語

①「定常の陌の村時雨」（巻一の二）

因：男が雨が止むのを待っている女を傘に入れた後で、彼女と仮寝の宿を借りた。

果：女盗人を出せと宿へ来て騒ぎ立てた二人の男に銀十枚を渡した。

②「変化は世の中の常」（巻一の三）

因：僧道念は妓女竜田を請け出して、人宿に預けた。

果：竜田と密かに親しんでいた亀三は、宿から竜田を迎え出した。竜田を亀三に添わせて、道念のことを舅として扱うように裁決された。

③「六日待の芸尽」（巻一の六）

因：日待ちに集まっていた人々は博奕をした。

果：「目付師の提灯の蛇の目の紋を見た」、「御法度奴らみなくくれ」という声を聞いて慌てて逃げてしまったので、その場にまき散らされた金などを取られた。

④「東山は諸国の開帳場」（巻三の二）

因：三人の男が美女に誘われ、貸し庵へ行って遊んだ。

果：最後に一人ずつ金一角を要求された上に、旅籠代、酒代、飯代までも支払わなくてはならなかった。

⑤「御縁日は清水北野」（巻四の一）

因：能壁は社僧ではないのに、天満宮の宮守軒が並んだ通りに、周りと見分けにくい門構えを設け、占い祈禱を始めた。

果：その門構えが利用され、絹を騙りに持って行かれ、代銀を受け取りに来た絹屋の者に対して、仕方なく支払い、更にその場所から立ち去った。

⑥「子をおもへば昼の闇」（巻六の一）

因：騙りは狂言して、菊右衛門に貴重な茶碗の代銀を立て替えてもらい、代銀を返しに行っていなかった。

果：預けた茶碗が壊されたという芝居をうたれ、騙されて菊右衛門に代銀を返した。

⑦「捨ててある頃城の川流」（巻六の五）

因：親は娘の恋愛に反対し、その二人を会わせなかった。

果：娘は川に飛び込み、その恋人である六地蔵屋重に助けてもらった後で、親の所へは帰って来なかった。親は裁判に訴えるが敗訴した。

詐欺談には詐欺をする側があれば、騙される側もある。必ずしも騙される側が報われる結果という設定にはならないが、『昼夜用心記』では、三十六話に二十五話では右の分析の通りに「因」を具体化する因果応報の結果だと読み取れる（他の十話では悪いことをしたとは見えない人が詐欺に遭い、もう一話は様々な騙し方を紹介しているが、どのような相手を騙すかについて言及はない）。

二・一　巻二の五「駿河に沙汰ある娘」における因果応報

先には「因」に対して考察を行ったが、巻二の五「駿河に沙汰ある娘」と巻三の五「世界は一夜の乗合舟」では、一層仏教に関係づけようとしていることが注目される。

「駿河に沙汰ある娘」は右に紹介した通りに、竹細工職人の娘が死に、その霊魂と出会ったという坊主が親の前に現れ、娘の守り物を証拠としてその家の金銀を騙し取る話である。その親について、次のように描写される。

（1）菓子籠手拭入を始めとして。一切の竹細工に名を得し。藪井笹右衛門とて。かくれなき男。

（2）【霊魂の話】毒にあたりて死したれば。多生の業に勝れたる。臨終一念の覚悟もなく。もとより積たる善根もなければ。悪道に沉み。あまつさへ親笹右衛門。貪欲深く。仏事に金銀を惜み。吊ひ疎かなれば。地獄の苦患昼夜暇なし。何とぞお僧教化あそばし。紺紙金泥の法華経を書写し。六十六部を日本国の霊地に納め給はらば。仏果を得るに疑ひなしと。

（3）笹右衛門すこしも合点せず。惣じて死したる者。ふたゝび来る例なし。そのうへ念仏僧宝供養のうへに。いまだまよふ事。仏説すでに虚妄に似たり。それは狐狸御坊さまをなぶりたるにてあるべしと。せゝら笑ふて居たる。

（4）今はうたがふ所なく。夫婦ふしまろびて落涙尽がたし。漸泪をおさへ。幽霊が申ごとく。仏法に銭銀を惜み。無常に疎き事。身ながら恥かし。

（5）惣領の娘美人の聞えありて。（中略）したふものおほかりけり。縁辺相応の取結び。あまた申きたれども。親物ずきありて。ことし十八の春夏も半過ぎ行けるに。聞て置べき事なり。

（1）は親が職芸の達人であることが紹介されるが、（2）では、親が欲深く、仏事に金銀を惜しむ人物であることが娘の霊魂の話を通じて追加される。（3）では、坊主が伝えた霊魂の話に対して、霊魂を信じるどころか、仏説を笑うことさえする親の態度が示され、（4）では、付き出された娘の守り物を目にして、親はようやく坊主の話を信じ、自分が仏事に金を惜しんでいることを認める。（5）では、娘の縁談に無関心で、「物ずき」な、即ち変わり者であるという親の性格の側面を掲げている。「物ずき」という言葉は解しがたいが、仏教を笑う態度を考え合わせれば、親の人並みではない性格を表しているものと理解できよう。

即ち、親は職芸の達人であるが、人並みではない性格で、欲深く、仏事に関心なく、更に仏説を笑うという人間である。このような者は、娘にも死なれ、つまり親の因果が子に報いという結果になる。更に、最後には法華経を六十六部納め、御経代など仏事に関わる金を出すことになる、という仏事の名目で騙されてしまう。この設定では、仏事に金銀を惜しむ、仏説を笑うことに対して、報いが与えられる。『桜陰比事』「死人は目前の釼の山」における親も同じく仏事に無関心な者であり、その家の金を騙し取られそうになる設定があるが、団水は、『昼夜用心記』で金銀を惜しみ、仏説を笑う場面を加えている。そうした親の要素の追加は、その因としての「罪」を増やすことに他ならない。こうした相違点によって、両篇の最後の結末、つまり、『桜陰比事』では金銀は騙し取られる寸前、嘘が露呈するのに対し、『昼夜用心記』では金銀は取られてしまうという対照的な結果として表されていると言えよう。

二・二　巻三の五「世界は一夜の乗合舟」における因果応報

「世界は一夜の乗合舟」では、大阪近江屋の亭主は家督を惣領に渡し、二男三男にも町内に相応の店を並べさせた後、続いて子供たちの商売を手伝う。自ら河内近江を駆け回り品々を仕込む。近江八幡へ仕込みに行く時、一夜舟で懇ろに世話をしてくれた飛脚に身内の話をした。二人が別れた後、その飛脚は息子の店へ行って、親が中風にかかったと嘘をついて手紙を渡した。こうして、飛脚は二十五匁を雇い賃としてもらい、酒まで振るってもらった。騙りの飛脚を信頼し身内の話をする亭主は、文章でどのような人物像に設定されているのだろうか。次の一節を見てみよう。

今年五十九歳。惣領に家督を渡し。二男三男も町内に相応の見世を並べ世のうらやまれ人といへとも。一日寺参りもせす猶子共の栄ゆく末を見まくほしう自身河内近江をかけまはり布木綿の買込に。鬼共組べき朝比奈親仁といへり……

商売に掛かりきりになることは何も悪くはないが、隠居した身で「一日寺まゐりもせす」というように設定されることによって、商売のことばかりで、仏事に少しも関心がないという人間像が浮かび上がる。詐欺に遭うことは、「一日寺まゐりもせす」に対して与えられる、ある種の報いと見られるだろう。

「駿河に沙汰ある娘」と「世界は一夜の乗合舟」両話では、同じく仏事に関心のない者が詐欺に遭うという設定が為される。他の話では仏事に関わらないが、欲心が強いことや悪事に対して報いが与えられるように作られている。即ち、因果応報を主題に取り入れ、更に因を具体化するのは『昼夜用心記』編集の特色の一つと見てよいが、第一節に論じた『昼夜用心記』における説得的な因果関係を考え合わせれば、「因果」という叙述形式は、団水が意識して物語に取り入れたテーマにも繋がる。因果関係を重視する論述の形式は、主題としての「因果」を浮かび上がらせる手法でもあったのではなかろうか。

こうした論述における因果形式、また内容・主題における因果応報という要素の対応関係に注目すると、作者は因果の中の「因」、つまり結果や物事の由来について、読者を納得させるように筆を費やしているのがわかる。しかし、それによって、二つの問題が現れる。一つは、説明的な叙事によって、プロットが単純で平板になってしまう危険性であり、もう一つは、登場させる人物や物事の由来の比重が、文章の相当の量を占めることになり、騙しのテクニックに関する描写が簡略化されてしまうことである。こうした要素は、文芸性の立場からすれば、否定的要因と見なすこともできる。しかし、読者に与える効果からいうと、様々な具体的な「因」の提示は、現実的な教訓性を強めることになり、「只民家用心の為に記」（序）すという目的には合致することとなろう。

結びに

本論は主に西鶴の『桜陰比事』との比較を通して、「因果」という視点から『昼夜用心記』の特色を検討してきた。

『昼夜用心記』では、詐欺に関わる事物や人物の由来、つまり結果を導く「因」について、説明的に語られる傾向がある。更に、この論述形式の因果関係に、テーマとしての因果応報の精神を物語に重ねる試みも看取できた。説明的な「因果関係」によって物語はプロットが単純で起伏に乏しいものとなりがちであるが、反面読者にリアリティーを感じさせるものとなろう。こうした形式、主題にかかわる両義的な「因果」の視点により、『昼夜用心記』の文芸的意義・教訓性を再検討する必要があるように思われる。

注

（一）長谷川強氏「宝永の浮世草子」（『浮世草子新考』、汲古書院、平成三年）。

（二）水谷不倒氏『新撰列伝体小説史　前編』（春陽堂、昭和四年）。

（三）本稿では、『北條団水集（草子篇　第二巻）』「昼夜用心記」（野間光辰氏・吉田幸一氏編集、古典文庫、昭和五十五年）を底本とする。ただし、漢字表記に関しては適宜通行の文字に改めたところもある。また、『西鶴文集　下』「昼夜用心記」（有朋堂書店、昭和二年）を参照した。

（四）『棠陰比事』（長島弘明氏の『調査報告八　常磐松文庫蔵『棠陰比事』（朝鮮版）三巻一冊』、『実践女子大学文芸資料研究所年報』第二号、昭和五十八年三月）の序文による。

（五）本文で引用したテキストは、麻生磯次・冨士昭雄氏『本朝桜陰比事』（『対訳西鶴全集十一』、明治書院、昭和五十二年）による。

（六）清水茂夫氏「西鶴の因果思想について」（『山梨大学学芸学部研究報告（４）』、山梨大学学芸学部編、昭和二十八年十二月）。

終　章

本論文の各章において、以下の内容について考察した。

第一章、「『本朝桜陰比事』と『棠陰比事』の表現の一考察」では、『棠陰比事』、『諺解』、『加鈔』、『物語』と井原西鶴が著した浮世草子『桜陰比事』とを文章表現から比較し、先行研究に基づきつつ、その関連性の更なる究明を試みた。『桜陰比事』「小指は高ぐゝりの覚」、「仏の夢は五十日」、「御耳に立は同じ言葉」、「四つ五器重ての御意」、「曇は晴る影法師」は、それぞれ『棠陰比事』「趙和贖産」、「程簿旧銭」、「傅隆議絶」、「符盗並走」、「丙吉験子」と、着想や設定において類似点を持っており、更に細かい表現の設定までもが共通点を持っていることが窺えた。しかし、この五組の中で、『桜陰比事』は『物語』や『加鈔』とは必ずしも一致しない要素が見出されるのに対し、『諺解』とは全てに共通点を有する。『諺解』が『桜陰比事』における『棠陰比事』の受容にとって看過できない書であることが認められる。

第二章、「『板倉政要』をめぐる諸問題――『棠陰比事』と『本朝桜陰比事』とに関連して」では、『板倉政要』が如何に『棠陰比事』から影響を受けたかについて考察し、『桜陰比事』との関わりも検討する。『板倉政要』「京六波羅ニテ夜盗町人ヲ殺害シ財宝ヲ取ル事」、「賀茂ノ禰宜養父養子出入之事」、「五器盗人之事」は、それぞれ『棠陰比事』「蔣常覘嫗」、「李傑買棺」、「趙和贖産」、「符盗並走」及び按語の部分に共通しているところが見える。『板倉政要』の『棠陰比事』による影響は先行研究においても指摘されるが、その具体相が一層明瞭となった。また、『桜陰比事』は直接に『棠陰比事』から影響を受けた以外に、『板倉政要』を媒介とし、『棠陰比事』の一部の要素を吸収した可能性が高いこともわかった。更に、『板倉政要』「買売物出入之事」は『諺解』「趙和贖産」の一例と一致しており、『棠陰比事』受容における『諺解』の重要性が改めて示唆される。

第三章、「『棠陰比事諺解』の特質について」では、第一章と第二章において取り上げた『諺解』の特質を考察する。『諺解』は慶安三年に羅山が紀伊藩主徳川頼宣の依頼を受け著した書である。頼宣の法律への関心は、家康からの影響、藩政統治上における必要などが合わさった結果であったが、『棠陰比事』の注釈を羅山に依頼したことは、紀伊の法律学研究に基盤を築いた業績の一つと考えて良い。羅山は『諺解』において、文献を博捜し、法律用語には説明を加え、同一事件に対する異なる記述や類似する日本の事件を紹介すること等を通じて、様々な状況に対応する、現実的な裁判のあり方を為政者に提供する工夫を凝らしている。即ち、そこには的確・適切・平易な注釈態度が窺える。こうした姿勢は『棠陰比事』の堅い内容を噛み砕き、文芸世界へと普及しうる可能性を生じさせる。このような特質が『諺解』の文芸書への影響の背景として指摘できる。

第四章、「『板倉政要』の影響――『鎌倉比事』と『本朝藤陰比事』を中心に」では、『板倉政要』が『藤陰比事』と『鎌倉比事』に影響を与えることが確認できた。『鎌倉比事』「石に根次分別の重さ」、「方角指北の針」は、それぞれ『板倉政要』「寝首掻士之事」、「瓢箪三子ニ譲事」の発想を逆転させて話を構成させており、更に、『藤陰比事』では素直に『板倉政要』の要素を利用するのに対し、『鎌倉比事』では板倉裁判におけるキーセンテンスに着目した反転の手法が認められた。こうした相違は、『藤陰比事』が裁判小説としてシンプルな形での庶民の教訓を意図したものであったのに対し、『鎌倉比事』は裁判小説の枠を超え、曲折に富むプロットで読者を楽しませようとする性格にもつながっている。

第五章、「『昼夜用心記』における因果について」では、北条団水が宝永四年に著した詐欺談『昼夜用心記』における事件の展開の特色について、論述形式としての「因果」に着目して検討した。『棠陰比事』が起こした『桜陰比事』などの裁判物ブームの中において、タイトルから「比事」を除いた『昼夜用心記』は、内容において事件のみを著し、裁決が施されない。しかし、『桜陰比事』の類話との比較を通じて、『昼夜用心記』の詐欺に参与する事物や人物の由来、つまり結果を導く「因」について、読者が納得できるように説明的に語られる傾向が認められる。こうした論述形式の因果関係の明確さに、テーマとしての因果応報の精神をも反映させようとする意図も看取できた。説明的な「因果関係」によって物語のプロットは単純で起伏に乏しいものになるが、読者に教訓的リアリティーを感じさせるものとなろう。

第一章から第五章まで『棠陰比事』の日本における影響を検討し、その受容のしかたを明らかにした。江戸時代の裁判説話、つまり、『桜陰比事』、『鎌倉比事』、『藤陰比事』などの特色も浮かび上がってきた。各作品の特色については、先に作品間の関連性に対して言及したが、ここで再び各作品で同じテーマを反映している話を取り上げ、各裁判説話の特色の検討を補強したい。

作品の創作・編集目的によって、その特色は根本的に異なる。『棠陰比事』の序文では「凡与我同志者類。能上体歴代欽恤之意。下究諸公編劘之心。研精極慮不謂空言。則棠陰著明教。棘林無夜哭。曷勝多礼之幸」という目的が示されている。即ち、冤罪事件を防ぐために、裁きに携わる役人の参考となる裁判事例集を編集したことである。この作品の朝鮮版は、日本に伝えられた後、元和五（一六一九）年に羅山が書写、また門下生のために訓読し、(一)つまり学問の書として取り入れられる。また、第三章で論述したとおり、『棠陰比事』は実用書（法律の書・政治の書）として扱われたことが窺える。羅山が朝鮮版の『棠陰比事』を書写した上で、朝鮮別板を用い校正した際、その目的が次のように述べられている。「吾邦吏曹之職陵廃久矣余於是乎不能無感欽恤之誠」（訳：日本では裁判を行う法律関係の職務はすたれて久しいので、私は上様が無実の人を罪に落とさないように心がけられるお気持に感じ入らないわけにはまいりません）と羅山の自筆識語に掲げられる。更に、家康が収集した一冊、紀伊藩主頼宣がお譲り本として受け取った一冊であること、(二)また、慶安三（一六五〇）年に羅山に『諺解』を著すように頼んだこと(三)などを考慮すると、日本に伝わった『棠陰比事』及びそれに関係する早期の書物は実用の書としてであったと見られる。寛永中（一六二四～一六四四年）には、仮名草子風に書き改めた『棠陰比事物語』が出版され、更に寛文元（一六六一）年に絵入本の松会板仮名草子『棠陰比事』が刊行されている。つまり、娯楽の書としても流行することになる。西鶴の元禄元年刊の作品『新可笑記』に「かの大工身にそなはりし家職、墨がね・角水の見やうはおろそかにして、朝暮分別して、『棠陰比事』など枕にし、夢にも是をわすれず」(四)と『棠陰比事』が愛読された様子が示される。それがいずれかの種類の『棠陰比事』であるかは言及されないが、西鶴の『棠陰比事』への関心を示すとともに、一般向けの書として読まれていたという一面を物語る。

　即ち、『棠陰比事』原典は、役人向けの判例集として事件を単純に記録したものであるが、日本では注釈が施され、また仮名草子化され、挿絵も加えられるようになり、為政者や知識人から一般者まで様々な人々に享受された。

　こうした『棠陰比事』ブームが起こった原因を辿ってみると、近世社会に徳川幕府の法制度が整備されたことに加え、商業経済の発達に伴う商業上の対立が起こり、訴訟が増加したことが挙げられる。その現実を背景に、民衆の裁判に対する興味が高まったことは想像に難くない。その社会状況を反映し、民衆の興味に応えるように、『棠陰比事』の書名における「比事」に因む裁判説話が続々と作られた。それらの裁判説話が、『棠陰比事』の要素を消化し変容させ、「比事物」として発展したことは、文学史上重要な意義を持つ。前章と重なる部分があるが、窃盗・誣告に関わる話、『棠陰比事』「符盗並走」、『板倉政要』「五器盗人之事」、『桜陰比事』「四つ五器重ての御意」、『鎌倉比事』「盗人影のわづらひ」、『藤陰比事』「大赦に漏る自業の訴訟」を例として挙げてみる。『板倉政要』は十七世紀後半に成立した写本と見られ、題目に「比事」という表記がないが、第二章で論述した通り『棠陰比事』と関係しているので、検討の対象としたい。

『板倉政要』は、法令集、京都町数人別調と若干の触、法令、また裁判説話で構成され、実用書としての一面を併せ持つ。『桜陰比事』は元禄二年刊の西鶴の浮世草子であり、訴訟事件や犯罪を都の裁判官が解決するという内容である。『鎌倉比事』は宝永五年月尋堂が著した裁判物語であり、北条義時・泰時の公事裁きに仮託されている。『藤陰比事』は宝永六年刊の裁判小説であり、訴訟状の形式で内容を展開している。

『棠陰比事』「符盗並走」では、一人の老母が窃盗に遭い、道を通りかかった人がその盗人を捕らえたが、真犯人に逆に盗人だと訴えられた。裁判になった時、二人に競走をさせ、足の遅い方を犯人とした。

『板倉政要』「五器盗人之事」では、五器売りが窃盗に遭い、その盗人を捕らえたが、逆に盗人から犯人だと誣告された。裁判になり、五器の値段の上中下を速く見分けるようにと命令された。真犯人は五器売りより見分けるのが遅かったことによって、真実が明らかとなった。

『桜陰比事』「四つ五器重ての御意」では、『棠陰比事』「符盗並走」や『板倉政要』「五器盗人之事」とほぼ同じ盗難事件を揃えているが、椀売りの登場、また盗まれた当時絵馬に夢中になっていた状況、盗人を追いかける途中「昼中に人の物を取りにげ」と声を上げる行為、犯人が捕まえた人に絡む場面及び見物する人々に対する描写などが加えられている。

『鎌倉比事』「盗人影のわづらひ」では、同じく窃盗と誣告の物語が語られる。ただ裁判官の裁判方法は、他の例のようなスピード競争による判断要因とは異なり、人の心理作用を利用して判別することになった。最明寺殿が二人を暫く放置し、突然「盗人め」と強く言葉を掛けることによって、返事をした者を盗人と判断するのである。更に、罪から逃れようとする犯人の、親孝行の芝居も看破されるというプロットが付け加えられた。

『藤陰比事』「大赦に漏る自業の訴訟」では、話の前半には、訴訟状の形式で被害者である徒荷屋が盗難に遭う前後の状況が語られる。大津の問屋から魚の乾物をもらって伏見へ運んでいく途中、茶屋で休んでいるところで盗まれたが、荷物を盗んだ犯人が犯行を認めないというものである。後半には、地頭（裁判官）が有力な人証（乾物の問屋、預けた町の者）を集めて裁き、更に、天下大赦の話を持ち出して、大罪の者ほど却って助かるという嘘の話を聞かせ、前科を白状させた。

盗難事件の発生場所については、『棠陰比事』原典及び按語では明らかにされていないのに対し、『板倉政要』では、盗まれたのは七条道場の辺り、捕まったのは東山稲荷、『桜陰比事』では、祇園と八坂の塔の前になっている。また、事件の背景について、『棠陰比事』と『板倉政要』では紹介されていないのに対し、『桜陰比事』では、「むかし、都の町に、餅突・すゝはき、師走のそら物すごく、春の事ども取いそぐに、丹波の奥山家より、常器の椀売に来りしが」、と詳細にされている。更に、当事者の言い争いと周囲の見物について、『棠陰比事』では、それほど言及していないが、『桜陰比事』を含む日本の「比事物」では、互いに犯人だと争う場面、見物人の様子についての描写を加えている。つまり、日本的な風物を取り入れ、また物語性要素を増やしていることは、その明らかな特徴であると言えよう。この点については、他の設定からも窺える。

窃盗場面について、『棠陰比事』及び按語では、脅迫によって盗まれたと記述されている。『板倉政要』と『桜陰比事』は、行商人が都の風物に注意を引かれた場面（念仏を聞いていた・絵馬を眺めていた）を設定している。更に、主要な人物は、『棠陰比事』と按語では、被害者、誣告の対象（被害者を助ける通行人）、犯人であり、被害者は弱い者（老母・女）、誣告の対象は弱い者を助ける通行人とされる。一方、『板倉政要』、『桜陰比事』、『藤陰比事』では、被害者と誣告の対象が一人に集約され、それぞれ五器売り、椀売り、徒荷屋となる。こうした行商人への設定変更は、江戸時代中期の経済発展に伴う飛脚や行商人の様子を反映していることが予想される。その設定により、後半の裁判方法、即ち売り物の見分けや片付け、また問屋を証人とすることも可能となる。

日本の「比事物」の初期段階にある『板倉政要』と『桜陰比事』が都らしい風物を取り入れたのは、日本独自の性格を作るためだと考えられるが、ただ、『板倉政要』は、実用書としての一面があり、詳細な描写が行われず、日本の事情にあわせて案件が記述されるに止まる。それに対し、『桜陰比事』は『板倉政要』の影響を受けながらも、完全な娯楽作品として読者が享受できるように、登場人物の設定やプロットの創作をしたことが読み取れる。『鎌倉比事』と『藤陰比事』は、『板倉政要』と『桜陰比事』より後期の「比事物」になり、第四章で論述したように『板倉政要』の影響を受けているが、違いも示している。『鎌倉比事』は、裁判官の知恵以外に慈愛心をも讃えている点が注目される。窃盗の物語の裁決部分において、真犯人が罪を逃れるために親孝行の芝居を演じるのは、側面からその点を反映している一例である。こうした罪を逃れようとする設定は『藤陰比事』にもあるが、窃盗犯は事実に対し、まず荷物を取り違えたと言い訳をし、次に天下大赦のチャンスを利用しようと前科を白状する。両作品の設定は類似しているが、犯人が裁決を反発せずに受け入れる『棠陰比事』、『板倉政要』、『桜陰比事』での結末とは異なり、そうしたパターンを逆手に取ることで裁判物語に新風を吹き込むという模索がされていると言える。ただ、『藤陰比事』は娯楽性が足りず、身の回りの事件を素朴に綴るのみになってしまった。

上述した内容を通して、各作品の特色、また「比事物」の形成過程が明らかになった。『棠陰比事』は、本文において案件の要点のみを記録する。『板倉政要』は、より具体的な事件内容を付け加えているが、まだ『棠陰比事』要素を受けており、日本風にアレンジするという模索段階に止まる。『桜陰比事』は『棠陰比事』、『板倉政要』両方から影響を受けながらも、両書の実用の書という性格から脱出し、詳細な人物・背景描写を行い、江戸時代の世相を反映する裁判物語を作り上げた。即ち、裁判の要素・パターンを日本文学に活かし、かつ変化を見せているのである。『鎌倉比事』と『藤陰比事』は『桜陰比事』ほどの娯楽性を持っていないが、『鎌倉比事』はプロットの曲折、『藤陰比事』は身近な人物・風物を取り入れることで、リアリティーをもたらす工夫が為されている。こうしたストーリーのリアリティーという要素の前景化は裁判説話というジャンルの成熟へと進む一歩と見えよう。

『棠陰比事』の日本における受容過程を見ると、日本に伝来後、実用書として書写され、注釈が施されて読まれる中で、それを娯楽とする者も出てくる。更にその興味を仮名草子に持ち込み、裁判物語の創作が試みられたことがわかる。このように裁判の話が物語として発達する過程では、中国での本来の裁判事件の記述要素・風格が消化された上で日本風に改変され、そして徐々にオリジナリティーが生まれ定着し、「比事物」が形成される。これは読本が中国白話小説の影響を受けて生まれた過程、即ち、語学実用書として注釈・翻訳が施され、さらに翻案されることにより、より日本化されたという流れと殆ど一致している。江戸時代の裁判説話の形成過程は、日本近世文学が中国文学を受容するルート・特色を示し、後の読本誕生を準備する要因としても十分に機能していた可能性が窺えよう。

注

（一）内閣文庫蔵林羅山手沢本『棠陰比事』における羅山の自筆識語による。「右棠陰比事上中下以朝鮮板本而写焉因依寿昌玄琢生白玄東金祇景順子元之求而口誦之使侍側者点朱墨矣　吾邦吏曹之職陵廃久矣余於是乎不能無感欽恤之誠且又以朝鮮別板処々一校焉」。

（二）第三章注（十二）、注（十三）前掲書、奥野彦六氏の『徳川幕府と中国法』、松下忠氏の「紀州藩文学の全貌」による。

（三）第三章注（十一）前掲書『羅山林先生集』による。

（四）『新可笑記』（『対訳西鶴全集九』、明治書院、井原西鶴、麻生磯次、冨士昭雄、昭和五十二年）。

翻訳資料

＊常磐松文庫本『棠陰比事』を底本にして、適宜字を直しておく。

第一章

傅隆議絶

宋文帝時。剡県人黄初妻趙打息載妻王死。後遇赦。王有父母及息男称。依法徙趙二千里。司徒左長史傅隆議曰。父子至親分形同気。称之於載即載之於趙。雖云三代合之一体。称雖創鉅痛深。固無讎祖之理。故古人不以父命辞王父命。若云称可殺趙。当何以処載。父子祖孫互相残戮。恐非先王明罰皐陶立法之旨也。旧令云。殺人父母。徙二千里外不施父子祖孫。趙当避王朝功《（マヽ）》千里外耳。然令云。凡流徙者同籍近親欲相随。聴之。趙既流移。載為人子。何得不従。載行而称不行。豈名教所許。趙雖内愧終身。称亦沉痛没歯。祖孫之義永不得絶。事理固然。

宋の文帝の時、剡県の黄初という人の妻の趙氏は、息子の載の妻の王氏を打ち殺した。後に恩赦があり、罪が許された。王氏には父母及び息子の称がいた。法により、趙氏は剡県から二千里より遠く、追放されることになる。司徒左長史の傅隆はこのことについて言った。「親と子は誰より親しい肉親であり、身は異なっているが、気は一つである。称が載に対して思うことは、即ち、載が趙に対する感情と同じである。親と子と孫の三世代とは言え、心は同じである。称は心を痛めて悲しんでいるとは言え、元々祖先を仇にする道理がない。それ故に、古人は父の命令を以て祖父の命令に背くことはない。もし称が趙氏を殺すべきだと言ったならば、一体どのように載を扱えばよいのだろうか。親と子、祖父母と孫が互に損ない殺し合うのは、恐らく古代の賢王が刑を明確にし、皐陶が法を立てた旨ではないだろう」。古い法令には、人の父母を殺した者は二千里より遠くへ追放され、親や子供や祖父母には罪を及ぼさないことになるそうである。そのため、趙氏は王氏の喪に服する親戚の人々を避けて千里より遠くに行くのみでよい。法令では、およそ流刑に処せられた者と同じ戸籍の近親が同行したいと願えば、許可することになっている。趙氏が流し移される以上、載は子として、同行しないわけにはいかない。載は同行し、子の称は同行しないことになれば、古来の教えの許す所と言えようか。趙は心の内が生涯咎めることになるとは言え、孫の称も生涯悲しむ。祖父母と孫の義理は永久に絶つことはできない。物事の道理はもとよりそうである。

(①司徒、漢代、丞相を改めて大司徒と称し、三公の一人。後、大をつけずに、司徒と称した。②長史、三公の下役。)

趙和贖産

唐咸通初趙和為江陰令。以折獄著声。有楚之淮陰二農。比荘通家。其東隣以荘券質西隣銭百万緡。後当収贖。先納八千緡。期来日以残資贖券。恃契不徴領。約明日再賫餘。至而西隣不認。既無保証又無文籍。訴於州県皆不能直。乃越江訴於江陰。和曰県政甚卑。且復逾境。何計奉雪。東隣泣曰。至此不得理則無処伸訴矣。和乃思策。一日召捕盗吏数輩。賫牒至淮陰。云有寇江賊案。劾己具言有同悪相済者在某処居。名姓形状倶以西隣指之。請梏送至此。先是隣州条法。唯持刃截江無得蔵匿。既至和責之曰何為寇江。囚泣曰田夫未嘗舟楫。和曰所盗多金宝錦綵非農家所宜有。汝宜自籍以辨之。囚意稍開乃言。稲若干斛荘人某人者。紬絹若干匹家機所出者。銭若干緡東隣贖契者。和乃曰汝果非寇江者。何為諱東隣所贖八千緡。遂引其人使之対証。懼服罪。於是梏往本土。検付契書卒寘之法。

唐の咸通年の初めに、趙和は江陰の長官になった。裁判することで名高くなった。楚の淮陰に二人の農民がいた。二人は隣近所で、家同士のつきあいがあった。その東隣の農民は荘の証券を質に西隣の農民から銭を百万緡借りた。東隣の農民は後で質とした証券を取り戻さなければならない。まず八千緡を納め、翌日残金を持って荘の証券を受け出すと約束した。親しい隣同士の間柄を頼りとし、受け取った八千緡の受領書を取らなかった。翌日再び残金を持って行った。ところが、西隣は先に八千緡をもらったことを認めない。保証人もおらず、また証文もないので、州県に訴えたが、いずれも正せなかった。それで川を越えて江陰の役所に訴えてきた。江陰の長官の趙和はこう言った。「県の財政が苦しいのだ。また管轄も越えてしまっている。どうしようもないだろう」。東隣の農民はそれを聞いて、泣きながら言った。「ここに来て解決していただくことが出来なければ、もう訴えるところがございません」。そこで、趙和は解決する策略を案じた。ある日、捕盗役人を数名集め、淮陰に公文書を持って行かせてこう言わせた。「川に横行した盗賊を捕らえている。取り調べが済んで、犯人は既に全て白状した。彼の話によると、その一味はここの某所に居るそうだ。手枷を嵌めて江陰へ引き渡していただけないでしょうか」。その人の名前や姿を、皆西隣の農民の様子を指して言ったのである。先に、近隣同士の州県の法律では、凶器などを持って川を渡る者に対して、これを匿ってはいけないと定められていたからである。西隣の農民が渡された後、趙和が、「おまえ、何故川で盗賊をしたのか」と詰問すると、囚人は泣きながらこう答えた。「私は田畑を耕す百姓で、船を操縦したことはございません」。趙は続けて言った。「盗まれたのは大体金や絹物で、農家が持っているものではないだろう。おまえは自ら自家の所有物を書いて弁明したほうがよい」。囚人は少し事態が分かってきたので、こう言った。「稲は何石、小作人の某により納められた。絹物は何匹、自家の織機で作った。銭は何緡、東隣から荘の証券を受け出すための返金である」。それを聞いて、趙和は、「おまえは確かに盗賊ではないな」と言った。「しかし、なぜ東隣から八千緡をもらったことを認めないのだろうか」。そこで、東隣を呼び出し、双方を対決させると、西隣は恐れて罪に服した。手枷を嵌めて故郷に帰した。最初の手形を取り調べ、法によってとうとう男を処罰した。

（令、長官。）

程簿旧銭

程顥察院初為京兆府鄠県主簿。民有借兄之宅居者発地蔵銭。兄之子訴曰。父所蔵也。令言無証佐何以決之。顥曰此易辨耳。問兄之子曰。爾父蔵銭幾年矣。曰二十年。遣吏取一千視之。謂曰今官所鋳不五六年則遍天下。此銭乃爾父未居前数十年所鋳。何也。其人遂伏。

察院程顥は初め京兆府の鄠県の主簿だった。その時、兄の家を借りて住んでいる人がいて、ある日、地から銭を掘り出した。兄の子が、それは父が埋めた物だと訴えた。県の長官は「証拠がないのだが、どのように判断すればよいだろうか」と言った。程顥は「難しくない」と答えた。そして、兄の子にこう聞いた。「おまえの父がその銭を埋めてから何年間ぐらい経っているのだろうか」。兄の子は、二十年間と答えた。程顥は役人を遣わしてその銭の一千を取って来させ、それを見てこう言った。「今公によって鋳造されている銭は五、六年間が経たないうちに天下に流通してくるのだ。この金はおまえの父が住む時より数十年前に鋳造されたものだ。これはどういうわけか」。そこで、兄の子は罪に服した。

（①察院、官職。権限が広く、官吏を監察し、郡県を巡視し、不正を裁く。②主簿、記録や文書をつかさどる低い役。）

丙吉験子

丙吉字少卿。漢宣帝時陳留有一老人年八十餘。家富而無子。秖有一女已適人。其妻卒翁又取　妻。復生一子。後翁死。其妻育其子数年。前妻女欲奪財物乃誣後母所生子非我父之子也。郡県不能断。聞於台省。吉為廷尉。乃曰吾聞老人之子不耐寒日中無影。時八月中。取同歳小児均服単衣。唯老人之子畏寒変色。又令与諸児立於日中。唯老人之子無影。遂奪財物帰後母之男。前女服誣母之罪。

丙吉は字を少卿と言った。漢の宣帝の時、陳留に一人の老人がいて、八十歳余りであった。家は豊かであったが、跡継ぎの息子がいなかった。ただ、娘は一人いて、既に嫁いでいた。妻が死んだ後に、翁はもう一人妻を迎え、更に息子が一人生まれた。後に翁は亡くなった。後妻は息子を数年養っていた。先妻の娘が財物を奪おうと思い、継母の生んだ息子は父の子ではないと事実を曲げて言った。この事件は、郡・県では、断ずることができなかった。そこで、国の中央機関に伺ってみた。丙吉は、その時廷尉を勤めていた。それを聞いた後でこう言った。「私が聞いた話では、老人の子は寒さに耐えられず、日の光の中に立っても影がないそうである」。時は八月だった。同じような年の子供を集め、皆均しく単衣を着させたところ、ただ老人の子のみ、寒さを恐れて顔色が変わった。また、多くの子供たちと共に日の光の中に立たせたところ、ただ老人の子のみ影がなかった。そこで財物を取り上げて継母の息子に返した。

先妻の娘は継母を誣告したという罪に服した。

（廷尉、秦・漢代に刑罰をつかさどった官の名。）

符盗並走

前秦符融為冀州牧。有一老母日暮遇劫盗。行人為母逐之擒盗。盗反誣行人。符融曰二人並走先出奉陽門者非盗。既還融正色謂後至者汝即盗也。其発奸摘伏如此。蓋融性明察能懸料其事。以為盗若善走者決不被行人所獲。以此測之。善走者是捕逐人也。

前秦の符融が冀州牧を勤めていた時のことであった。ある老母が、日暮れの頃強盗に遭った。通りかかった人が、老母のために強盗を追いかけて捕まえた。強盗は逆にその通りかかった人を強盗であると偽って訴えた。符融はこう言った。「二人で競走して、先に奉陽門を出た者は強盗ではない」。二人が戻ってくると、符融は厳しい顔をして、後から帰った者に、「おまえが強盗だ」と言った。こうして、その悪巧みを発見して真犯人を明らかにした。符融の明察がなければ判明できなかっただろう。もし強盗の足が速ければ、通りかかった人に捕まえられるはずがないと考えたのだ。従って、競走で測ってみて、足が速い方が強盗を捕まえた人だと分かった。

（牧、つかさ。）

第二章

蔣常覘嫗

唐貞観中。衛州板橋店主張迯妻帰寧。有魏州王衛楊正等三人投店宿。五更早発。夜有人取王衛刀殺迯。其刀却内鞘中。正等不知覚也。至明店人趂正等。拔刀血甚狼籍。囚禁正等。栲訊苦痛。遂自誣服。上疑之差御史蔣常復推。至則総追店人。年十五以上者集。為人数不足且放散。唯留一老嫗。年八十餘。日晩放出。令典獄密覘之。曰嫗出当有人共語者。即記姓名勿令漏泄。果有一人。即記之。明日復爾。其人又問嫗云。使人作何推問。如是三日。並是此人。因総集男女三百餘人。就中喚出与老嫗語者。餘並放散。問之具伏。云与迯妻奸殺迯。具実奏之。勅賜常絲二百匹。遮侍御史。

唐の貞観年中、衛州板橋にある店主張迯の妻が帰省していた間に、王衛、楊正ら三人が魏州から来て店に泊まった。三人は夜明け前に早々店を立った。夜中に王衛の刀を奪って迯を殺した者がいたが、殺害に使用された刀が自分の鞘の中に納められていることを、楊正らは知らなかったのである。夜が明けてから、店の者が楊正らを追い、その刀を抜いて見れば、ひどく血に塗れている。楊正らは拘束され拷問にかけられて、苦痛に耐えられなくなり遂に罪を認めた。皇帝はこの件を疑い、御史蔣常に再び調査に行かせた。蔣常は到着するとすぐに店の者を全員追跡し、十五歳以上の者を集めさせた。

人数が足りないので、しばらく解散させ、ただ媼一人を留めた。媼は八十余歳の者で、その日の遅い時間に帰された。蔣常は更に監獄の長に密かに覘くように命令した。「媼が出たら話しかける者がいるはず。すぐにその者の名前を覚えて人に漏らすな」という。言われたとおり一人現れたので、すぐに覚えた。翌日は同じことが繰り返されただけだった。その者はまた媼に聞いた。「人にどんな取調べをさせたのか」という。同じことを三日繰り返して、話しかけたのは同じ者だった。そこで男女全員を三百人余り集め、その中から媼に話しかけた者を呼び出して、他の人を帰らせた。その者に問いただすと、すべて自白した。「張遜の妻と不義をはたらいた為、彼を殺したのだ」という。事実を整えて奏した。天子の旗と綾衣が二百匹下賜され、侍御史に封じられた。

（①御史、秦・漢以後、官吏を監察し、その不正を裁き正す官。②侍御史、御史の中で地位が最も高いのである。）

李傑買棺

唐李傑為河南尹。有寡婦告其子不孝。其子不能自理。但云得罪於母。死所甘分。傑察其状非不孝。傑謂寡婦曰。

汝寡居十年惟有一子。今告之。罪至死。得無悔乎。寡婦曰無頼不順於母寧復惜之。傑曰審如此可買棺来取児尸。因使人覘。其後寡婦既出。謂一道士曰事了矣。俄将棺至。傑尚冀其悔再三喩之。寡婦堅執如初。時道士立於門外。密令擒之。一問。承伏曰某与寡婦有私。嘗為児所制。欲除之。乃杖殺道士及寡婦。即以棺盛之。

唐代の李傑が河南の尹だった時のことである。ある寡婦が息子の親不孝を訴えた。その息子は自らうまく釈明できず、ただ「母の怒りに触れて、死刑を処されても仕方がない」と言った。李傑はその人の様子をよく見て、親不孝の者ではないと思った。李傑は寡婦にこう言った。「お前は一人で十年間住んでいて、一人の子しかない。今訴えることで彼を処刑すれば、死刑になる。後悔はないのか」。寡婦は答えた。「ごろつきで、母にも従わないし、何をまた惜しむことがありましょうか」。李傑はそれを聞いて言った。「そのようにはっきりと決心できているのなら、棺を買って、息子の死骸を取りに来い」。李傑は人を遣わしその様子を覘かせた。その後寡婦は家を出て、ある道士に会いに行ってこう言った。「その事はもう終わった」。やがて棺がそろそろ来る時になって、李傑はなお寡婦が後悔していることを期待して、何度も諭してみたが、寡婦は頑固に初めの考えを変えなかった。その時、道士は門外に立っていた。李傑は密かに捕まえろと命じた。道士を詰問すると、伏して答えた。「私はその寡婦と姦通しています。以前時々息子に止められることがありました。それで、始末しようと思いました」。そこで、道士と寡婦を打ち殺した。寡婦が用意した棺にただちにその死骸を入れた。

（尹、長官。）

第三章

宗元守辜

待制馬宗元少時。父麟殴人。被繫守辜。而傷者死。将抵法。宗元推所殴時在限外四刻。因訴於郡得原父罪。由是知名。

待制馬宗元が若い時、父馬麟が人を殴り、拘束され刑を待っていた。刑は相手の安否・負傷及び一定期限内の回復加減によって決められるのである。負傷者は法律規定の期限内に死んだので、馬麟は死罪の法に触れることになった。馬宗元は殴った時間は法律規定の期限外の四刻であったと推定した。そこで郡に訴え父親の罪を許した。これによって名が知られた。

（待制、官名。詔勅を書いたり、下問に答えたりする職。）

季珪雞豆

宋伝季珪為山陰令。有争鶏者訴於季珪。季珪問早何食。一云粟一云豆。乃令殺鶏。破嗉有豆焉。遂罰言粟者。郡人称為神明。

宋伝に季珪が山陰の長官だった時のことが記されている。鶏の所有権を争う者はその件を季珪に訴えた。季珪はあさ鶏に何の餌をやったかと聞いた。一人は粟、もう一人は豆と答えた。なんと季珪は鶏を殺すように言った。胃袋を破って見ると、豆が入ったことがわかった。そこで粟と言った者を処罰した。郡の人々は季珪を神明と称えている。

韓参乳医

参政韓億知洋州時。土豪李甲者兄死。迫嫁其嫂。因誣其子為異姓。以専其貲。嫂歴訴于官。甲輒賂吏使掠服之。積十餘年。其訴不已。億視旧牘但未曾引乳医為証。一日尽召其党以乳医視之。衆乃無辞。其冤遂白。

参政韓億が洋州で勤めた時、その地方の豪族李甲という者の兄が死んだ。李甲は兄嫁を強迫して他の所へ嫁がせた。

そして、その子が兄の子ではないと誣告し、兄の財産を一人占めした。兄嫁はあらゆる役人に訴えたが、李甲はその度に官吏に賄賂を送ったため、鞭打って脅された。その案件は十年余りも解決されず、兄嫁は訴え続けた。韓億は、古い訴状には赤ん坊の医者を招いて証人にしたことがないことに気づいた。ある日全員呼び出し赤ん坊の医者を証人とした。すると、みんな言い訳がない。悪事は明るみに出た。

（参政、天子を補佐して、政治を行う最高長官の一人。）

思兢偽客

唐則天時或告駙馬崔宣謀反。勅御史張行岌按之。告者先誘宣妾蔵之。乃云妾将発其謀而宣殺之。行岌按而無状。則天怒令重劾。終無実。則天厲色曰崔宣既殺其妾反状自然明矣。妾今不獲何以自雪。行岌懼。逼宣家訪妾。宣再従弟思兢多致銭帛募之。略無所聞耳。宣家毎議事則獄中告者須知。思兢疑宣家有同謀者。乃詐曰須雇俠客殺告者。語了遂侵晨伺於台側。有門客素為宣所信任。乃至台賂門吏以通告者。思兢因罵門客曰若陥崔宣必殺汝矣。門客悔謝遂引思兢於告者之党捜獲其妾。宣始得免。

唐の則天武后の時、ある者が駙馬崔宣の謀反を告げた。天子は御史張行岌に調べるように命じた。その密告者は先に崔宣の妾を誘い出して隠し、なんと「妾はそのはかりごとを摘発しようとして、崔宣に殺されました」と言った。

張行岌は調べたが、そのような様子はない。則天は怒って改めて取り調べさせた。結局そのような事実はない。則天は厳しく言った。「崔宣が妾を殺したからには、謀反の様子はおのずから明らかである。妾を探し出せずどうやって自ら疑いを晴らすのか」。張行岌はその話を聞いて恐れ、崔宣の家族に妾を捜し出すように迫った。崔宣のまたいとこである思兢は多くの金や絹を人にやって妾を捜したが、消息はほぼなかった。崔宣の家が何か相談すれば、その内容は密告者はすぐに知ったことがわかった。思兢は崔宣の家に共謀者がいると疑い、なんと「にんきょうを雇って密告者を殺さなければならない」と偽って言った。話し終わると、夜明け頃、御史台（御史の役所、官吏の不正を裁き正す所）の側で何が起きるかを待っていた。崔宣が前から信頼している食客が、御史台へ来て門番に賄賂を送り密告者に通じようとした。そこで、思兢はその食客を罵った。「もし崔宣を陥れたら、必ずお前を殺すぞ」。食客は後悔して謝り、思兢を密告者のともがらの所へ連れて行って妾を捜し出した。こうしてはじめて崔宣は免罪された。

乖涯察額

張詠尚書知江寧府。有僧陳牒出憑。公抛案熟視久之判送司理院勘殺人賊。郡僚不暁其故。公乃召僧問披剃幾年。対曰七年。又曰何故額有繋巾痕。即惶怖首伏。乃一民与僧同行道中殺之。取其祠部戒牒自剃為僧也。

尚書張詠が江寧府に赴任していた頃、ある僧侶が証文の戒牒（僧侶の身分証明書）を提出した。張詠は机を押さえ、よく見た後に、彼を司理院へ送って殺人罪に問うよう裁いた。郡の役人はその原因がわからない。そこで張詠はその僧を呼び寄せ、「坊主になって何年になったか」と聞いた。僧は「七年」と答えた。また、「何故額に頭巾を縛った跡が残っているのか」と聞いた。すると、僧は恐れて自首し、罪に服した。即ち、一人の男が僧と同行し、道中その僧を殺し、僧の持っていた祠部の戒牒を奪い取り、自ら髪を剃って僧に成りすましていたのである。

(①尚書、官名。隋・唐以後は、大体、今の大臣に当たる官。②祠部、官名。隋唐は祠部曹を置き、礼部に属し、専ら祠祀・天文・漏刻・国忌・廟諱・卜祝・医薬及び僧尼の簿籍を掌る。唐宋以来、祠部より僧尼に度牒〔戒牒〕が配布〔販売〕され、それによって税・役が免除される。)

高柔察色

魏高柔為廷尉。護軍営士竇礼近出不還営。以為没身。其妻盈氏及男女称冤自訟。莫有省者。乃詣廷尉。柔問何以知夫亡。盈氏泣対曰夫非軽狡不顧室家者。又問汝夫不与人有讎乎。曰夫良善与人無讎。汝夫不与人交銭物乎。曰嘗出銭与同営焦子文求不得。時子文適坐事繫獄。柔乃召問所坐。語次問曾挙人銭否。対曰単貧不敢挙人銭。察其色動遂復問。汝曾挙竇礼銭何言否耶。子文怪知事露応対不次。柔詰之曰汝已殺竇礼便宜早服。子文於是叩頭服罪。

魏の高柔は廷尉を勤めていた時のことであった。守備軍の兵士竇礼が近頃外出し、軍に戻っていない。人々は、彼が「没身」（脱走者のような意味）になったと思っていた。彼の妻盈氏と家の男女が濡れ衣だと自ら訴えた。調べてくれる者はいなかった。そこで、廷尉を訪ねに行った。「どうやって夫が居なくなったことを知っているか」と柔は聞いた。盈氏は泣きながら答えた。「夫は家族のことを思わないような卑怯な者ではありません」。また聞いた。「夫は誰かに恨まれたことがあるか」。「夫は人柄がよく、敵はございません」と答えた。「夫は人と金や物を交わしたことがあるか」。「曾て金を同僚の焦子文に渡したことがございます。返すよう催促したが、もらえなかったのです」。その時、焦子文はちょうど事件に巻き込まれ、牢獄に繫がれていた。高柔は彼を呼び出して「何に巻き込まれているのか」と聞いた。次に、「曾て人から金を取り上げたか」と聞いた。「非常に貧乏ですが、人から金を取り上げることはできません」と答えた。高柔はその顔色が変わったのを見てまた聞いた。「きみは曾て竇礼から金を取り上げたね。なぜ否定するのか」。焦子文は変に思ったが、事件が明るみに出たことがわかり、応答が乱れてきた。高柔は彼を問い詰めた。「竇礼を殺したね。早く罪を認めた方がよい」。焦子文はそこで叩頭して罪を認めた。

定牧認牛

北斉彭城王高湝為定州刺史。有人被盜黒牛。上有白毛。長吏韋道健謂従事魏道勝曰。使君在滄洲日擒奸如神。若獲此賊実如神矣。湝乃詐為上府市皮。倍酬其直。皮至使牛主認之。因獲其盜。伏罪。

北斉の彭城王高澂は定州の長官である。ある者の黒い牛が盗まれた。その牛は黒い皮に白い毛が混じっている。役人韋道健は次官魏道勝に次のように言った。

「長官は滄洲に勤めていた間、犯罪者を捕まえる技が神のようでした。もし今回この盗人を捕まえることができれば、本当に神のようになるでしょう」。

高澂は、官庁が牛の皮を買い求めるという芝居を打ち、その値段を倍高くさせた。皮が届いた後、牛の飼い主に識別させた。それによって、盗人は捕まり、罪に服した。

（①刺史、州の長官。②長吏、地位の高い役人。③使君、a天子の命を奉じて地方に行く人の尊称：b漢代、刺史をいう。）

主要引用テキスト

（一）長島弘明氏の翻刻「常磐松文庫蔵『棠陰比事』（朝鮮版）三巻一冊」（『実践女子大学文芸資料研究年報』第2号、昭和五十八年三月）
（二）『棠陰比事諺解』（東京大学総合図書館南葵文庫蔵、写年時の記載はない）
（三）『棠陰比事加鈔』（京都大学附属図書館蔵、無刊記本）
（四）『棠陰比事物語』（未刊・仮名草子集と研究〈二〉、朝倉治彦氏、寛永板を底本とする）
（五）『本朝桜陰比事』（麻生磯次・冨士昭雄氏、『対訳西鶴全集十一』、明治書院、昭和五十二年、国立国会図書館所蔵及び吉田幸一氏所蔵本を底本とする）
（六）熊倉功夫氏の翻刻『板倉政要』（「史料翻刻『板倉政要』第六巻～第十巻裁判説話の部」、京都大学所蔵十巻本を底本とされる）
（七）川口師孝氏の翻刻『鎌倉比事』（「月尋堂『鎌倉比事』翻刻（巻一～巻三）（巻四～巻六）」、京都大学文学部図書室蔵『寛永板鎌倉比事　六冊』を底本とされる）
（八）『近世文藝叢書　第五　小説三』（国書刊行会編輯、第一書房、昭和五十一年）における『本朝藤陰比事』

（九）『昼夜用心記』（『北条団水集（草子篇　第二巻）』、野間光辰氏・吉田幸一氏編集、古典文庫、昭和五十五年）
（十）『羅山林先生集』（京都府立総合資料館蔵、版元不明、寛文二年刊）。

主要参考文献

（一）『羅山林先生集』、京都府立総合資料館蔵、版元不明、寛文二年。
（二）『実践女子大学文芸資料研究所年報』第2号、昭和五十八年三月。
（三）『棠陰比事諺解』（写年時の記載はない）東京大学総合図書館南葵文庫蔵本。
（四）『未刊仮名草子集と研究（二）』、朝倉治彦氏、未刊国文資料刊行会、昭和四十一年。
（五）『棠陰比事加鈔』、京都大学総合図書館蔵本。
（六）『対訳西鶴全集』、麻生磯次氏・冨士昭雄氏、明治書院、昭和五十二年。
（七）『板倉政要』京都大学所蔵十巻本。
（八）『歴史人類』第15号、筑波大学歴史人類学系、昭和六十二年三月。
（九）『江戸文学と中国文学』、麻生磯次氏、三省堂、昭和三十七年。

（十）『西鶴襍稾』、滝田貞治氏、野田書房、昭和十六年。
（十一）『西鶴新新攷』、野間光辰氏、岩波書店、昭和五十六年。
（十二）『寛永文化の研究』、熊倉功夫氏、吉川弘文館、昭和六十三年十月。
（十三）『国語学論集：築島裕博士還暦記念』、築島裕博士還暦記念会編、明治書院、昭和六十一年。
（十四）『二〇〇二日本研究国際会議論文集』、台湾大学日本語文学系、平成十四年十二月。
（十五）『醒睡笑』、鈴木棠三氏、岩波書店、平成二十一年。
（十六）『徳川幕府と中国法』、奥野彦六氏、創文社、昭和五十四年。
（十七）『学芸研究人文科学Ｉ』、和歌山大学学芸学部。
（十八）『三百藩藩主人名事典』、新人物往来社、藩主人名事典編纂委員会、平成十五年。
（十九）『紀州の藩学』、松下忠氏、鳳出版、昭和四十九年。
（二十）『江戸時代における中国文化受容の研究』、大庭脩氏、同朋舎、昭和五十六年。
（二十一）『加賀松雲公』、近藤磐雄氏編、羽野知顕出版、明治四十二年。
（二十二）『南紀徳川史』、南紀徳川史刊行会、昭和八年。
（二十三）『藤原惺窩集　巻上』、国民精神文化研究所編纂、同朋舎、昭和五十三年。
（二十四）『日本随筆大成〈第一期〉1』、吉川弘文館、昭和五十年。
（二十五）『二十四史』、中華書局、一九九七年。
（二十六）『アジア歴史事典』、平凡社、昭和三十四年。

（二十七）『仮名草子の基底』、渡辺守邦氏、勉誠社、昭和六十一年。
（二十八）『近世文学と和製類書』、神谷勝広氏、若草書房、平成十一年。
（二十九）『林羅山年譜稿』、鈴木健一、ぺりかん社、平成十一年。
（三十）『東北大学東洋史論集1』、東北大学東洋史論集編集委員会、昭和五十九年一月。
（三十一）『鴨臺史報3』、大正大学史学会、昭和十年一月。
（三十二）『日本古典文学大事典』、明治書院、平成十年。
（三十三）『西鶴が語る江戸のダークサイド――暗黒奇談集』、西鶴研究会、ぺりかん社、平成二十三年。
（三十四）新編日本古典文学全集『井原西鶴』、小学館、平成八年。
（三十五）『近世文藝叢書　第五　小説三』、国書刊行会編輯、第一書房、昭和五十一年。
（三十六）『近世文学論叢』、早稲田大学俳諧研究会編、桜楓社、昭和四十五年。
（三十七）『近世作家伝攷』、中央公論社、昭和六十年。
（三十八）『浮世草子の研究』、長谷川強氏、桜楓社、昭和四十四年。
（三十九）『浮世草子新考』、長谷川強氏、汲古書院、平成三年。
（四十）『浮世草子研究資料叢書』第5巻、クレス出版、平成二十年。
（四十一）『西鶴以後の浮世草子』、市川通雄氏、笠間書院、昭和五十八年。
（四十二）『江戸時代書林出版書籍目録集成三』、慶應義塾大学附属研究所斯道文庫編、井上書房。
（四十三）『新撰列伝体小説史』前編、水谷不倒氏、春陽堂、昭和四十年。

（四十四）『御伽比丘尼』、古典文庫、昭和六十年。
（四十五）『愛知論叢』第63号、愛知大学大学院院生協議会、平成九年。
（四十六）『文学研究』42号、昭和五十年十二月。
（四十七）『愛知大学国文学』通巻47、平成十九年十一月。
（四十八）『現代語訳西鶴全集第八巻』小学館、昭和五十一年十月。
（四十九）『書誌学』第2号、昭和四十年十一月。
（五十）『香椎潟』第44号、福岡女子大学国文学会。
（五十一）『和漢語文研究』、京都府立大学国中文学会、平成二十三年十一月。

あとがき

私は多くの外国人と同じく、子供のときに漫画『鉄腕アトム』、中学校時代に『セーラームーン』を読み、不思議な日本国に憧れました。大学時代には日本語を専攻し、日本文化について一層興味を持ち、卒論では日本人の割り勘文化について書きました。大学院に進んだ後には、日本人の方は逆境においても微笑む姿を見せるという文化があることに興味を持ち、笑いに関わる神話・民話・伝統行事から、礼儀作法・恥辱感意識までその形成理由を探ってみました。そのとき先行研究に取り上げられた『今昔物語』や『醒睡笑』における笑い話を知りました。文化の研究には、伝統的なものに遡るのが一番の方法だと考え、古典文学に着手すれば何か見つかるかもしれないと思うようになりました。そこで、古典文学の研究のために日本へ参りました。

京都府立大学へ来てから、まずは『醒睡笑』を借りて通読しました。古典文学の知識は不足していましたが、内容が非常に面白く各話が短いので楽しく読めました。繰り返し読んだ後、『醒睡笑』と中国の笑話集『笑林広記』との比較研究を始め、博士前期課程入学試験の出願論文としてまとめました。笑いを通して日本と中国の文化を覗きたいという思いを抱いていました。

大学院に入ってからは、藤原英城先生のもとで国文学の研究を始めました。先生のゼミでは中国古典文学作品の書き下し、討論も行われており、私はその中の『太平広記』の研究課題に興味をそそられ、特に裁判に関する話における事件解決の方法に魅了されました。そこで、日本の裁判の古典作品も読んでみようと思い、井原西鶴の『本朝桜陰比事』を手にとりました。不思議に思ったのは、目の前の『本朝桜陰比事』の一部は、日本に来たばかりの時に読んだ『醒睡笑』の話と類似していることです。これは運命の出会いかもしれないと思い、裁判関係の作品を研究し始めました。『本朝桜陰比事』を調査する間に、他の「比事物」（裁判関係作品）、『鎌倉比事』『日本桃陰比事』『本朝藤陰比事』『儻れん用心記』『昼夜用心記』などの存在を知りました。比較研究を通じて、それらの作品の関係を把握する必要があると感じました。また、日本の「比事物」の祖本である中国南宋の『棠陰比事』が舶来してから、どのように流布していって、日本の作品に影響を与えたのかということが「比事物」研究の基礎になると考えました。そうして本格的な裁判ものの研究を始め、以下のような論文を発表してきました。

初出一覧

第一章　『本朝桜陰比事』と『棠陰比事』の表現の一考察
（『和漢語文研究』第八号　平成二十二年十一月　京都府立大学国中文学会）

第二章　『板倉政要』をめぐる諸問題――『棠陰比事』と『本朝桜陰比事』とに関連して
（『和漢語文研究』第九号　平成二十三年十一月　京都府立大学国中文学会）
第三章　『棠陰比事諺解』の特質について
（『和漢語文研究』第十一号　平成二十五年十一月　京都府立大学国中文学会）
第四章『板倉政要』の影響――『鎌倉比事』と『本朝藤陰比事』を中心に
（『和漢語文研究』第十号　平成二十四年十一月　京都府立大学国中文学会）
第五章『昼夜用心記』における因果について
（『和漢語文研究』第十二号　平成二十六年十一月　京都府立大学国中文学会）

本書の研究を通して、日本の裁判物語作品と中国の『棠陰比事』の関係、また各種「比事物」の関連をある程度まで解明しましたが、作品における近世の風物・人情は当時の社会の様子をどのように反映しているのか、裁判物語の繁栄は近世の経済発展と出版業の発達にどのように関わっているのかということが、今後の研究課題として浮かび上がってきました。当初は笑いを通して日本文化を覗きたいと考えていましたが、こうして古典作品の裁判物語のジャンルに移して、日本社会と文化の研究に身を置くことになりました。

本書の刊行にあたり、京都府立大学から平成二十六年「研究成果公表（出版図書）支援事業」の刊行助成を受けました。関係者の方々へ心から感謝の意を申し上げます。

長年、日本文学専門の藤原英城先生・中国文学専門の小松謙先生をはじめとする恩師方に教わり、日本文学と中国文学の比較研究を進めてきました。先生方の厳しく温かいご指導により、難題を一つ一つ解決し、どうにか本書を出版するに至りました。日頃からの教訓を肝に銘じて今後も引き続き努力して参ります。また、中日両国の多くの先生方、友人、家族が絶えず励ましてくれたことも前進の源でした。ここに感謝を申し上げたいと存じます。どうもありがとう御座います。本書にまとめたところを起点として、更に研究に邁進して参りますので、今後とも博雅の指教を切にお願いする次第であります。

最後に、本書の出版をご快諾くださいました汲古書院の石坂叡志社長、惜しみないご協力と深いご理解をいただいた小林詔子様をはじめとする汲古書院の皆様に厚くお礼申し上げます。

平成二十七年一月

京都府立大学学術研究員

周　瑛

索　引

書名索引

人名索引

著者紹介

周　　瑛（しゅう　えい・ZHOU　YING）

1982年９月中国陝西省西安市に生まれる。
西安外国語大学、同大学大学院を経て、2007年10月国費留学生として来日。
2013年京都府立大学で文学博士学位授与。
論文に「『棠陰比事諺解』の特質について」（『和漢語文研究』第11号）など。
現在京都府立大学大学院学術研究員・近畿大学非常勤講師。

江戸期の裁判説話と『棠陰比事』

平成二十七年三月十三日　発行

著　者　周　瑛
発行者　石　坂　叡　志
整版印刷　富士リプロ㈱

発行所　汲　古　書　院
〒102-0072　東京都千代田区飯田橋二－五－四
電　話　〇三（三二六五）九七六四
ＦＡＸ　〇三（三二二二）一八四五

ISBN978‐4‐7629‐3618‐0　C3093